# Temas Existenciais
em Psicoterapia

**Dados Internacionais de Catalogação na Publicação (CIP)**
**(Câmara Brasileira do Livro, SP, Brasil)**

Angerami, Valdemar Augusto
   Temas existenciais em psicoterapia / Valdemar Augusto Angerami. — São Paulo : Cengage Learning, 2003.

   Bibliografia.
   ISBN 978-85-221-0342-3

   1. Medicina e psicologia 2. Psicologia humana 3. Psicoterapia I. Título.

02-6672
CDD-616.8914
NLM-WM 420

Índice para catálogo sistemático:

1. Psicoterapia : Medicina 616.8914

# Temas Existenciais em Psicoterapia

Valdemar Augusto Angerami

☀ CENGAGE

Austrália • Brasil • México • Cingapura • Reino Unido • Estados Unidos

# CENGAGE

**Temas Existenciais em Psicoterapia**

**Valdemar Augusto Angerami**

Gerente Editorial: Adilson Pereira

Editora de Desenvolvimento: Eugênia Pessotti

Produtora Gráfica: Patricia La Rosa

Revisão: Fernanda Almeida Umile e Silvana de Gouveia

Editoração Eletrônica: Macquete Gráfica

Capa: Paulo Cesar

© 2003 Cengage Learning Edições Ltda.

Todos os direitos reservados. Nenhuma parte deste livro poderá ser reproduzida, sejam quais forem os meios empregados, sem a permissão por escrito da Editora. Aos infratores aplicam-se as sanções previstas nos artigos 102, 104, 106, 107 da Lei nº 9.610, de 19 de fevereiro de 1998.

Esta editora empenhou-se em contatar os responsáveis pelos direitos autorais de todas as imagens e de outros materiais utilizados neste livro. Se porventura for constatada a omissão involuntária na identificação de algum deles, dispomo-nos a efetuar, futuramente, os possíveis acertos.

A editora não se responsabiliza pelo funcionamento dos links contidos neste livro que possam estar suspensos.

Para informações sobre nossos produtos, entre em contato pelo telefone **0800 11 19 39**

Para permissão de uso de material desta obra, envie seu pedido para **direitosautorais@cengage.com**

© 2003 Cengage Learning. Todos os direitos reservados.

ISBN 13: 978-85-221-0342-3
ISBN 10: 85-221-0342-9

**Cengage Learning**
Condomínio E-Business Park
Rua Werner Siemens, 111 – Prédio 11 – Torre A – Conjunto 12
Lapa de Baixo – CEP 05069-900 – São Paulo – SP
Tel.: (11) 3665-9900 – Fax: (11) 3665-9901
SAC: 0800 11 19 39

Para suas soluções de curso e aprendizado, visite
**www.cengage.com.br**

Impresso no Brasil
*Printed in Brazil*

Para
Adilson
amigo/editor
sonhador como eu...
de um sonho que
os livros transformem
a sociedade e os homens...

# SUMÁRIO

Apresentação .................................................................................. IX

**CAPÍTULO 1**
O papel da espiritualidade na prática clínica ............................ 1

**CAPÍTULO 2**
Breve reflexão sobre a postura do profissional da saúde
diante da doença e do doente ..................................................... 49

**POESIA**
A constelação de Pégaso é a primavera no firmamento... ......... 73

**CAPÍTULO 3**
O imaginário e o adoecer. Um esboço de pequenas
grandes dúvidas ............................................................................ 77

**CAPÍTULO 4**
O fenômeno da fé: a construção da subjetividade ................... 121

**CAPÍTULO 5**
Depressão como processo vital .................................................. 149

**POESIA**
De uma maravilha cacheada ....................................................... 195

# APRESENTAÇÃO

Este livro reúne trabalhos já publicados em obras de Psicologia Hospitalar e Saúde, apresentando temáticas inerentes à prática da psicoterapia.

Alguns colegas, professores de diversas universidades espalhadas ao longo do país, clamavam pela necessidade de reuni-los em apenas uma obra. Este livro vem responder a esses anseios, colocando-se à disposição dos estudiosos da área da psicoterapia como o nosso mais novo instrumental.

O meu receio inicial, quando surgiu a idéia de uma coletânea de trabalhos publicados anteriormente, era de que ao juntar diversos textos de diferentes publicações o resultado perdesse os atrativos inerentes a uma obra inédita. Mas, na verdade, esta junção dará um novo caráter a esses textos e fará deles uma nova e inédita obra do campo da psicoterapia.

Ao me debruçar sobre tão diferentes livros para escolher os capítulos que seriam pertinentes a essa empreitada, voltei diversas vezes à rememorização dos momentos dessas publicações. E como em uma projeção cinematográfica, foram surgindo os diferentes cantos onde cada obra foi lançada, discutida e comentada. É como se estivesse celebrando a formatura universitária de um filho querido; gerado após uma concepção fecundada de amor, se desenvolve ao longo da adolescência e agora se mostra ao mundo com o vigor do saber universitário. Muito ainda existe para ser trilhado, mas igualmente bastante foi conquistado. Este é o novo paradigma desta obra: desenvolver-se, além do tanto que já foi erigido. E até mesmo a emoção sempre presente nas apresentações de cada livro toma conta do meu ser ao tornar possível a concepção desse projeto arrojado e inovador.

Este é o nosso livro. Uma fagulha partilhada com cada leitor na certeza de que a construção de uma psicologia decididamente humana está ganhando contornos de realidade. Ele é mais um pouquinho de nossa caminhada em que não esmorecem diante da razão científica nem tampouco das vicissitudes enfrentadas. E cada vez mais aceitamos como verdadeiras as colocações de que somos sonhadores e criadores de ilusão. O sonho de uma psiquiatria e psicologia humanas que contemple uma sociedade justa e fraterna continua a pontuar as nossas teorizações. Ilusão?! Talvez, mas imprescindível para prosseguirmos em nossa jornada.

Serra da Cantareira, numa manhã de inverno.

CAPÍTULO 1

# O papel da espiritualidade na prática clínica*

## INTRODUÇÃO

Escrever sobre a espiritualidade e a sua inserção no universo da prática clínica certamente é um tema que, além de polêmico, reveste-se de fascínio pelo próprio desdobramento que suscita. E, no entanto, sempre estamos direcionados para a busca da elevação de nossa condição humana, embora, muitas vezes, até neguemos a discussão sobre questões que envolvem a temática da espiritualidade.

O campo da saúde envolve muitos aspectos, filigranas mesmo, dos determinantes que incidem sobre a prática clínica e o modo como o paciente busca o seu equilíbrio, e, por assim dizer, os caminhos que o conduzem à sua condição humana. Sim, na verdade, o que se busca quando se procura por um tratamento psicoterápico, independentemente da vertente teórica que possa norteá-lo, é a melhora de nossa condição humana, a melhora de nossa condição enquanto pessoa. Uma pessoa, por exemplo — e citando um problema bastante aflitivo e ex-

---

*Este texto foi originalmente publicado em *Novos rumos na psicologia da saúde*, São Paulo: Pioneira Thomson Learning, 2002.

tremado —, que procura pela psicoterapia por apresentar ejaculação precoce, certamente ao conseguir a superação desse problema estará igualmente melhorando sua condição como pessoa, sua condição enquanto ser humano que estava encarquilhado por um sofrimento contundente. E assim ocorre com outros níveis de sofrimento que, ao serem superados, fazem com que a pessoa sinta novamente a sua configuração humana.

Nesse sentido, abordar a temática da espiritualidade é ir ao encontro de caminhos que possam conduzir o processo psicoterápico em níveis nos quais a busca da transcendência seja igualmente a busca de superação de nossos limites pessoais. E, de outra parte, superação dos limites que nos agrilhoam e nos impedem de ter uma vida mais plena e repleta de prazeres.

Dessa maneira, estaremos enveredando pelos caminhos da espiritualidade buscando, igualmente, questionamentos que nos levem ao encontro de postulados teóricos e filosóficos que nos sirvam de paradigmas para a construção de um novo modelo clínico de atuação, e nos quais a reflexão de suas escoras teóricas possa transcender os próprios limites.

## EM BUSCA DE CONCEITOS

Devemos às primeiras traduções para o português das obras de Freud e de Jung as conceituações de psique inerentes apenas e tão-somente aos estudos do campo psi. Não se associa a palavra psique a alma, ao contrário, falamos de psique como se não estivéssemos fazendo referência à própria alma. Assim, se psique é tema de estudo dos psis, alma, por outro lado, é tema de estudo dos teólogos. É como se fossem temáticas e assuntos distintos e que não pertencessem à mesma realidade. No entanto, psique literalmente quer dizer alma, e quando nos referimos à psique humana, igualmente estamos nos referindo à alma humana. Essa separação que fazemos entre psique e alma, tornando-as essência de naturezas distintas, nada mais é do que uma mera tentativa de negar a presença de questões que envolvem aspectos da espiritualidade na prática de reflexões e estudos psíquicos. E, por assim dizer, uma tentativa de negar a presença da espiritualidade nessas reflexões, pois tanto Freud como Jung referiam-se à alma humana sem nenhum constrangimento e sem nenhum receio de que tal derivação pudesse denegrir a grandiosidade de suas obras.

As primeiras traduções de suas obras, bem como as publicações posteriores, não cuidaram de corrigir tais distorções e determinam essa separação, que nada mais é, na verdade, do que uma simples tentativa de escamotear a presença da palavra alma no campo das discussões filosóficas, fato que por si só já traria uma conotação bastante diferenciada ao ambiente das discussões clínicas.

O que se percebe, principalmente no meio acadêmico, é o incômodo que tais asserções provocam, pois, geralmente, nossa maneira de agir e refletir gera um distanciamento de questões que envolvam a presença de assuntos como a espiritualidade e que são comumente colocadas na seara dos temas místico-religiosos. E, no entanto, por mais que tentemos negar tais premissas, elas sempre permeiam nossa busca de transcendência espiritual, como foi colocado na introdução deste livro. Boainaim Jr.,[1] citando Hart, critica a visão científica que expulsou do campo das possibilidades aceitáveis as vivências espirituais e a dimensão "transnatural" da realidade e aponta esse fator como um dos responsáveis pela crise da falta de sentido na cultura atual, indicando como um dos mais importantes desafios para o futuro — especialmente para a psicologia do futuro — a aproximação ciência-religião, que se daria pela soma das contribuições da visão místico-religiosa oriental e da científico-experimental do Ocidente.

Especialmente no campo da psicologia, já era tempo de ultrapassarmos uma visão científica estreita que não havia deixado para a dimensão espiritual e religiosa do homem outra consideração que não a de retratá-la como uma forma de neurose ou de alienação social.[2] E cer-

---

1. Boainaim Jr., E. *Psicologia transpessoal*. São Paulo: Summus Editorial, 1998.
2. Boainaim Jr., E. *op. cit.*

tamente, apesar dos muitos avanços efetivados nesse campo, ainda assistimos ao enquadre de práticas espiritualistas e religiosas como algo que o meio acadêmico não considera como "sério" e que, portanto, não tem validade.

Boainaim Jr.[3] coloca ainda que o reconhecimento da existência e da importância das potencialidades humanas relacionadas à espiritualidade, à autotranscendência e à ampliação da consciência, assim como o interesse em seu desenvolvimento, é imemorial nas culturas e nas sociedades humanas. Embora esse interesse, é Boainaim Jr.[4] quem nos ensina, ainda assim como a visão de homem e de universo a ele associada, seja com justiça habitualmente relacionado ao campo da religião ou da filosofia, é igualmente justo e apropriado, sob uma ótica mais atual, considerar grande parte da produção cultural desenvolvida nessa área como pertencente ao campo que hoje chamamos psicologia.[5]

E, embora tais colocações mostrem uma tendência atual, o fato é que, embora distante dos escritos ditos científicos, a espiritualidade ainda assim se fazia presente na vida dos cientistas.

Portanto, sempre foi comum que determinados cientistas, embora tivessem práticas acadêmicas e científicas dentro de um rigor científico absoluto, em suas vidas guardassem suas crenças místico-religiosas.

E, dessa forma, criavam uma incongruência entre aquilo que viviam em suas vidas privadas e o que produziam nas lides acadêmicas. E até mesmo dentro do campo específico da psicologia vamos encontrar tais distorções, com alguns profissionais, inclusive, negando publicamente suas crenças e convicções pessoais com receio de não serem aceitos pela comunidade científica. É como se não fosse possível possuir crenças e convicções religiosas e ao mesmo tempo ser cientista com respaldo acadêmico-universitário.

Ao trazer a questão da espiritualidade para o paradigma dos pressupostos da prática clínica da psicoterapia, estamos, na realidade, aca-

---

3. Boainaim Jr., E. *op. cit.*
4. Boainaim Jr., E. *op. cit.*
5. Boainaim Jr., E. *op. cit.*

bando com essa incongruência. Estamos abrindo a possibilidade para que um determinado profissional não tenha de negar suas convicções pessoais para o desenvolvimento pleno de suas atividades clínicas. E, de outra parte, estaremos possibilitando também a ampliação dos recursos pertinentes ao exercício da prática clínica. Assim, se um determinado psicoterapeuta acreditar em sua vida pessoal que a vida espiritual é o aspecto mais importante a ser atingido na vida de uma determinada pessoa, sua prática clínica não precisará negar tal princípio, e tampouco levá-lo a negar publicamente tais convicções. O que se faz necessário, no entanto, é que ele tenha um balizamento bastante claro e pertinente do quanto suas convicções precisam estar enfeixadas com as determinantes de seu instrumental teórico-clínico. E não o contrário, como ocorre muitas vezes, quando existe um confronto teórico-filosófico entre as crenças e convicções pessoais e as teorias psicoterápicas.

Quando teorizamos sobre uma determinada prática psicoterápica, estamos incidindo sobre o campo das convicções que determinam que se abrace certo corpo teórico em detrimento de outro. Assim, quando escolhemos uma determinada teoria, o fazemos pela identificação, em seus construtos, de elementos que se aproximem de nossas convicções sobre o mundo e sobre o homem. Estamos derivando assim a nossa prática profissional para um determinado corpo teórico que tenha harmonia com as nossas convicções pessoais. E ainda assim, sem nos atermos a tal fato, muitas vezes negamos tais convicções como se elas fossem proibitivas para o nosso desenvolvimento profissional.

E quando deparamos com a evidência de que estamos escolhendo uma determinada teoria a partir dessa identificação, praticamente fica difícil entender a razão pela qual as nossas outras crenças — principalmente aquelas que nos remetem ao campo místico-religioso — precisam ser rachaçadas. Temos o receio puro e simples de que iremos perder a nossa aura de seriedade se as expusermos à luz do dia. E, no entanto, é cada vez mais notório o número de pessoas que percorrem os caminhos da espiritualidade buscando igualmente uma nova condição para sua realidade existencial, que possa trazer-lhes até mesmo o chamado equilíbrio emocional.

Victor E. Frankl foi certamente um dos primeiros autores que trouxe a questão da espiritualidade de modo claro e preciso para o campo da psicoterapia. Ao lado de Jung, colocou a pertinência dessa discussão no sentido de alargar os horizontes de compreensão da prática psicoterápica. Assim, Frankl[6] coloca que uma característica da existência humana é a sua transcendência. O homem transcende não somente o mundo ao seu redor, no sentido de mundo dos seus semelhantes, mas também no sentido de um supermundo, como também seu ser, no sentido de um dever. Onde quer que transcenda a si mesmo, o homem eleva-se sobre seu ser psicofísico, deixa o plano do somático e do psíquico e entra no espaço do humano propriamente dito, o qual é constituído pela dimensão poética e pela dimensão espiritual, pois nem o somático nem o psíquico isolados constituem o que há de propriamente humano.[7] E ao redefinir sua concepção de psicoterapia Frankl[8] é enfático ao afirmar que uma psicoterapia humana, isto é, uma psicoterapia humanizada e re-humanizada exige, portanto, de nós, que consigamos, de um lado, ver a autotranscendência e, de outro, dominar o autodistanciamento.[9] Tais exigências tornam-se impossíveis quando vemos no homem um animal. Nenhum animal se preocupa com o sentido da vida, e nenhum animal consegue sorrir. Com isso não pretendemos dizer que o homem é apenas homem e não também animal. Pois a dimensão do homem é, em comparação com a dimensão do animal, maior, e isso significa que ela inclui a dimensão inferior. A verificação de fenômenos especificamente humanos no homem e a simultânea aceitação de fenômenos subumanos nele não implica numa contradição, pois entre o humano e o subumano não existe nenhuma relação de exclusividade, mas se me é permitido usar esta expressão, uma relação de inclusividade.[10] É importante salientar ainda que Frankl dá à expressão espiritualidade a conceituação de busca da transcendência, separando-a da

---

6. Frankl, E. V. *A psicoterapia na prática*. São Paulo: EPU, 1975.
7. Frankl, E. V. *op. cit.*
8. Frankl, E. V. *op. cit.*
9. Frankl, E. V. *op. cit.*
10. Frankl, E. V. *op. cit.*

associação que freqüentemente se faz de espiritualidade com valores místico-religiosos. Assim, o equilíbrio espiritual que ele propõe em seus postulados teóricos é na verdade essa capacidade inerentemente humana de buscar o desenvolvimento de sua subjetividade e de sua vivência interior.

Seguramente aqui reside a grande dificuldade de aceitação, nas lides acadêmicas, da inclusão da temática da espiritualidade no seio das discussões envolvendo a prática psicoterápica. O fato de a temática aproximar-se de conceitos místico-religiosos faz com que outros níveis de sua abrangência sejam então desconsiderados.

E, de uma maneira bastante simplista, a mera citação do tema espiritualidade já traz muita resistência pelo simples fato de que essa associação — com o místico-religioso — é algo que não se tolera na quase totalidade dos centros acadêmicos. Essa resistência impede, inclusive, que possamos fazer até mesmo o enfeixamento de determinadas teorias com as concepções religiosas de seus autores.

Num simples contraponto, basta citar Kierkegaard e até mesmo Rogers, que tiveram uma formação religiosa bastante profunda —, sendo que Rogers foi, inclusive, pastor num determinado período de sua vida —, para que o dimensionamento de seus escritos encontre um outro balizamento de análise e até mesmo de compreensão.

E é com essa concepção de espiritualidade, trazida à tona pelas discussões propostas por Frankl num contraponto com outros autores, que iremos trabalhar.

## ESPIRITUALIDADE E PSICOTERAPIA

Ao falar de espiritualidade saindo do dimensionamento místico-religioso, podemos inclusive entender que Sartre, apesar de se identificar como ateu e fazer de seus escritos manifestações bastante claras de ateísmo, ainda assim propõe um enfeixamento de padrões de conduta humana que certamente leva o homem que segui-los a um nível bastante elevado de transcendência e, por assim dizer, até mesmo de elevação espiritual. E, por mais paradoxal que possa parecer, foi Sartre, em sua tentativa de negação de Deus, o filósofo que mais trouxe Deus para o campo da filosofia, dando-lhe uma configuração existencial que até mesmo os teólogos não haviam conseguido. É como se os teólogos, partindo da concepção indiscutível da existência de Deus, não precisassem apresentar fatos e dados que comprovem sua existência, e Sartre, ao contrário, em sua obstinação em provar sua inexistência, certamente fundamentou sua presença de maneira ímpar no campo da filosofia. Embora os escritos de Sartre tenham sucedido os de Nietzsche — que simplesmente afirmou que "Deus está morto", sem preocupação maior com sua presença —, certamente é a partir dele que existe um verdadeiro posicionamento dentro do campo filosófico sobre essa concepção.

Nesse sentido estamos no lado inverso da questão pois, se de um lado, falar de espiritualidade, como vimos anteriormente, na quase totalidade das vezes implica cair nos aspectos místico-religiosos, falar de ateísmo implica, de outra parte, numa série de "pré-conceitos" que vão desde idéias simplistas de que alguém ateu não tem níveis de auto-transcedência até conceitos de que é impossível falar de ateísmo e de espiritualidade simultaneamente.

Os níveis de conceituação estabelecidos nesse sentido são sempre sistemáticos e resultantes de conceitos e divergências que se estabelecem num paradigma que coloca tais posicionamentos como excludentes e nem sequer podem apresentar pontos mínimos de convergência.

E, na verdade, estamos diante de mais uma das dualidades humanas, o que significa dizer que essa condição é inerente à própria condição humana, não havendo assim tal excludência em seus princípios.

Nesse sentido, podemos buscar as colocações de Poelman,[11] que nos ensina que a inclinação à transcendência é algo inerente ao organismo humano; é um impulso a um estado próprio do homem. Ele não precisa ir além de sua própria humanidade para encontrar sua auto-realização. A transcendência é o ponto mais alto da própria humanida-

---

11. Poelman, J. *O homem a caminho de si mesmo*. São Paulo: Edições Paulinas, 1993.

de, a forma mais alta de auto-realização humana.[12] E para melhor enfatizar suas colocações, Poelman[13] diz ainda que a palavra transcendência é aqui tomada no sentido de viver a partir do núcleo divino que é comum ao homem, a partir de seu verdadeiro centro que é um centro divino. Nós nos auto-realizamos à medida que realizamos nossa origem divina.[14] E o meu núcleo, o meu modo próprio de ser, o meu projeto fundamental não é algo que eu crio com meus próprios critérios; o meu núcleo é uma manifestação divina, o modo pelo qual Deus se manifesta em forma humana.[15]

E, se Poelman é um autor que se posiciona do lado dos pensadores místico-religiosos com essas colocações, igualmente se coloca junto aos escritos de Sartre, nos quais a própria pessoa se responsabiliza por seus comportamentos e se reconhece em seus atos; identificando-se com eles. Ela é o seu próprio comportamento; é o seu organismo enquanto se organiza. Cada um dos comportamentos de uma pessoa é uma escolha e revela seu projeto existencial, representando de maneira concreta o modo pelo qual determinado indivíduo resolveu ser pessoa. Cada desejo concreto, único, é a própria pessoa.[16]

A auto-realização é mais que um descobrimento ou desdobramento de algo que já existe no homem, de uma natureza ou de um conjunto de possibilidades que o homem encontra dentro de si. À medida que o homem cresce, há uma nova organização; a cada fase ocorre uma auto-realização provisória, a elaboração de um plano que os indivíduos pretendem concretizar, e que é ele mesmo.[17]

O desenvolvimento da espiritualidade implica uma integração de forças e possibilidade de tendências e implicações, numa crescente harmonização integrada, e também na necessidade humana de ir ao encontro da superação de seus limites corpóreos e da consciência.

---

12. Poelman, J., *op. cit.*
13. Poelman, J., *op. cit.*
14. Poelman, J., *op. cit.*
15. Poelman, J., *op. cit.*
16. Poelman, J., *op. cit.*
17. Poelman, J., *op. cit.*

Somos espiritualidade por mais que queiramos negar tal enredamento ou, ainda, que possamos insistir em concepções teóricas que a excluem do seio das discussões de sua abrangência. Somos seres que trazem a espiritualidade imbricada com a nossa condição, como algo é inerente de modo indissolúvel e indivisível.

Ancona-Lopes[18], de outra parte, citando Shafranske e Malony, ensina que é imprescindível considerar a religiosidade do sujeito na clínica psicológica por quatro motivos: relevância da religião na cultura; incidência do fenômeno religioso na clínica psicológica; relações entre religiosidade e saúde mental e consideração dos valores na prática clínica. E desde os motivos citados anteriormente até os mais dispersos, passando pelos misturados e somados às trivialidades do cotidiano, o fato real é que a busca da espiritualidade faz parte das preocupações e dos direcionamentos do homem contemporâneo.

Nesse sentido vemos todo um processo de redimensionamento da prática psicoterápica no tocante a considerar as questões espirituais como parte inerente ao seu próprio desenvolvimento. Giovanetti[19] ensina que assistimos, ao longo do século XX, a uma radicalização do questionamento da dimensão religiosa na vida do homem moderno. Esse fenômeno foi denominado "A morte de Deus". Tanto a filosofia como a sociologia ocuparam-se em tentar explicar como o desenvolvimento da racionalidade científico-tecnológica moderna colocou em questão o lugar de Deus na cultura ocidental, e como Deus se tornou uma hipótese não necessária para o homem.[20] Giovanetti, na seqüência, estabelece como também a psicologia juntou-se a outras formas do conhecimento e passou a contribuir, por meio de seus modelos operacionais, para a idéia de que Deus não era necessário à realização do homem. Tal realização estaria diretamente ligada à concretização e expansão de suas

---

18. Ancona-Lopez, M. "Experiência religiosa na clínica psicológica", in Massini, M. e Makhfoud, M. (orgs.), *Diante do mistério*. São Paulo: Edições Loyola, 1999.
19. Giovanetti. J. P., "O sagrado e a experiência religiosa na psicoterapia", in Massini, N., e Makhfoud, M. (orgs.), *Diante do mistério*. São Paulo: Edições Loyola, 1999.
20. Giovanetti. J. P., *op. cit.*

forças psicológicas, reforçando, dessa forma, o que se chamou de o "Homo Psychologicus", e ratificando a premissa de que o homem, para ser feliz no mundo moderno, deve simplesmente realizar, com o máximo de liberdade, os seus desejos e não reprimi-los, como acontecia até pouco tempo atrás.[21]

E em que pese à ciência, em todos os níveis do saber, ser constituída por cientistas que de alguma forma praticam algum nível de religião em suas vidas privadas, a questão da espiritualidade não podia fazer parte das chamadas reuniões e encontros científicos. Vivia-se então uma total cisão da razão, com os ditos cientistas praticando suas crenças religiosas em suas vidas particulares, e negando essas mesmas crenças noutro momento, quando estavam travestidos do rótulo de cientistas.

Em termos específicos da psicologia, a cisão era até mais drástica e grave, com muitos psicoterapeutas interpretando à luz de uma determinada teoria que determinadas práticas religiosas eram "fuga da realidade", "alienação", e até mesmo rótulos mais estigmatizantes como "esquizofrenias". Giovanetti[22], nesse sentido, postula que no final do século XX, porém, assistimos — em alguns casos com perplexidade — a um ressurgimento do fenômeno religioso numa sociedade dita pós-cristã.[23] E para melhor enfatizar seu posicionamento, mestre Giovanetti afirma que esse fenômeno expande-se e expressa-se nas mais diversas formas, como, por exemplo, no caso dos Evangélicos, das Testemunhas de Jeová, dos Adventistas do Sétimo Dia; no seio da religião católica, os Carismáticos; e, fora dos muros da Igreja Católica, os Espiritualistas (espíritas), os Esotéricos (Teosofia, Santo Daime) e os grupos de religiosidade oriental (Seicho-no-ie), etc. Assim, o fenômeno religioso ganha proporção fantástica, e podemos até denominar esses acontecimentos como o surgimento de uma onda mística no final de um milênio e início de outro.[24]

---

21. Giovanetti. J. P., *op. cit.*
22. Giovanetti. J. P., *op. cit.*
23. Giovanetti. J. P., *op. cit.*
24. Giovanetti. J. P., *op. cit.*

O agrupamento desses paradoxos faz-nos crer que a espiritualidade está ocupando o seu devido espaço nas discussões contemporâneas e, certamente, sua asserção no dimensionamento das realizações psicoterápicas é uma conquista irreversível no seio dos avanços e conquistas da psicoterapia enquanto instrumental de realização e crescimento do homem contemporâneo.

É inegável, de outra parte, que ao avançarmos no campo das discussões que envolvem o enfeixamento das conceituações da prática psicoterápica com as questões inerentes à espiritualidade, estejamos também avançando em limites bastante tênues que separam as práticas muito bem sedimentadas em fundamentações filosóficas e doutrinárias de outras que podem ser definidas como simplesmente charlatanismo.

Nesse rol é incontável o número de pessoas que, em busca de conforto espiritual e sentido religioso para suas vidas, são manipuladas por líderes inescrupulosos que, aproveitando-se dessa condição, irão exaurir-lhes não apenas os recursos materiais, como também, muitas vezes, até a própria dignidade existencial.

E, também, é igualmente incontável o número de seitas que crescem e se multiplicam aproveitando-se da fome espiritual das pessoas mais desamparadas no tecido social das sociedades contemporâneas.

E, de forma similar, a psicoterapia também se vê envolvida com determinadas práticas que não apenas conspurcam sua própria conceituação, como também trazem implicações bastante comprometedoras a todos os envolvidos em suas lides acadêmico-teóricas.

É ainda Giovanetti[25] que irá nos auxiliar nesse entrelaçamento quando nos ensina que diante da necessidade premente de aceitar e compreender a dimensão religiosa do nosso cliente, vamos buscar levantar alguns elementos teóricos que possam ajudar-nos a entender os aspectos psicológicos do homem religioso que vem até nosso consultório. Em primeiro lugar, o Sagrado define-se como uma oposição ao profano, e ele quer exprimir, num significado bem amplo, uma disposição

---

25. Giovanetti. J. P., *op. cit.*

religiosa do homem contemporâneo ante algo que o transcende; o homem vai denominar de Sagrado algo que ele acolhe como diferente dele, como resposta à sua questão de finitude. É a valorização de algo absoluto, misterioso e intocável, que o transcende e que permanece como algo que às vezes merece veneração.[26]

E por mais variados e mutantes que sejam os conceitos de Sagrado, o que nos compete enquanto psicoterapeutas é balizar tais conceituações e configuração no universo simbólico dessa pessoa que busca na psicoterapia resposta aos seus conflitos existenciais.

Centralizar nossa atuação na conceituação de Sagrado trazida pelo paciente seguramente é a condição primeira para que o lugar da espiritualidade na prática psicoterápica seja primazia no arcabouço de nosso instrumental de atuação.

É preciso considerar as conceituações do paciente ainda que essas estejam distantes daquilo que preconizamos em nossa própria crença pessoal e por mais antagônicas que sejam aos nossos próprios conceitos; somente assim poderemos enfeixar a prática da psicoterapia como algo decididamente libertário.

Ancona-Lopez,[27] refletindo sobre as dificuldades da inclusão da religiosidade na prática clínica, ensina que essa inclusão exige meios para pesquisar a religiosidade e manejar o tema no atendimento clínico. Essa dificuldade pode ser facilmente ultrapassada. O psicólogo competente desenvolve meios, estratégias para lidar com os vários assuntos que surgem no decorrer dos atendimentos; e a inclusão da religiosidade, do ponto de vista técnico, traz problemas semelhantes a outros que já enfrentou no exercício de sua profissão.[28]

Nesse sentido, é importante ainda salientar que, assim como a temática da religiosidade, outros assuntos são igualmente revestidos de muita controvérsia e polêmica quando de seu surgimento, e, quando emergem, trazem à tona não apenas os limites individuais do psicotera-

---

26. Giovanetti. J. P., *op. cit.*
27. Ancona-Lopez, M., *op. cit.*
28. Ancona-Lopez, M., *op. cit.*

peuta, como também a necessidade de um espectro bastante amplo de discussão dos temas presentes na realidade do homem contemporâneo.

Nesse rol podemos incluir temas como o suicídio, o tédio existencial, a solidão, a depressão e outras tantas manifestações que fazem com que o psicoterapeuta tenha de ser alguém afinado com as questões de sua contemporaneidade, pois tais temáticas irão surgir de acordo com a realidade existencial do paciente e de acordo com a sua própria necessidade diante dos destinos que a vida possa circunstanciar. Assim também ocorre com a religiosidade, que irá surgir no desenrolar do processo psicoterápico com a mesma desenvoltura de outras temáticas e seguindo sempre a necessidade do paciente em tratar de determinados aspectos que envolvem sua própria vida.

Ainda na reflexão sobre as dificuldades da inclusão da religiosidade na prática clínica Ancona-Lopez[29] coloca que toda a reflexão sobre o que dizem os clientes a respeito das religiões, ou da religiosidade, envolve, por parte do psicólogo, algum raciocínio avaliativo. Em seus exames clínicos, formais e informais, o profissional considera os aspectos sadios e patológicos, o modo de expressar esses conteúdos, o sentido que assumem, os conflitos e as tensões relacionados a ele, o amadurecimento psicológico na forma de lidar com os mesmos, seus reflexos na rede de relações do sujeito, etc.[30] E buscando ainda uma ênfase maior em suas colocações, Ancona-Lopez[31] afirmará que as considerações implícitas ou explícitas, de cunho avaliativo, são desenvolvidas à luz das teorias de escolha e de referência do profissional. Na medida em que essas não contemplam a questão da religiosidade, o psicólogo encontra-se muitas vezes perdido e vai buscar referentes em outras disciplinas ou em sua própria experiência.[32]

É, por assim dizer, que faltam referenciais teóricos que façam a inserção da religiosidade no campo da psicoterapia, e, de uma maneira

---

29. Ancona-Lopez, M., *op. cit.*
30. Ancona-Lopez, M., *op. cit.*
31. Ancona-Lopez, M., *op. cit.*
32. Ancona-Lopez, M., *op. cit.*

mais ampla, que possam considerá-la como algo inerente à realidade contemporânea. Uma maneira de abordar questões de religiosidade como algo que muitas vezes é coadjuvante no processo libertário que a psicoterapia se propõe a ser. Algo que, muitas vezes, embora não seja explicitado, determina maneiras peculiares de relacionamento interpessoal e até mesmo códigos de conduta nos dimensionamentos dos próprios valores em que a realidade existencial está sedimentada. É até mesmo desnecessária a afirmação do número de pessoas que encontram na religiosidade o bálsamo capaz de cicatrizar-lhes as dores provocadas pelos desatinos da existência.

Lepargneur,[33] de outro lado, conceitua a espiritualidade não religiosa ensinando que o ser espiritual é simplesmente estar onde se está e realizar "o passo a mais" (o que intuímos devemos fazer). Sem dúvida, se muitas pessoas exercem explicitamente sua religiosidade — mediante orações, sacramentos —, na sombra da morte, encontramos muitas outras pessoas que não têm religião, ou que têm uma relação difícil, cheia de cólera ou culpa, com sua religião de infância.[34] É preciso dizer que a questão da espiritualidade não está necessariamente vinculada a uma determinada prática religiosa, tampouco que não é possível encontrar um determinado nível de espiritualidade enfeixado apenas nas realizações de auto-crescimento empreitadas por uma determinada pessoa.

Lepargneur,[35] citando Leloup, vai além dessas definições e coloca inclusive que falar em acompanhamento espiritual não é pedir a alguém para ter esta ou aquela atitude religiosa; tampouco ter uma experiência transcendental. É acompanhar a pessoa com respeito e confiança.[36]

Nesse sentido, podemos afirmar que a grande contribuição trazida por Lepargneur para a compreensão do sentido da espiritualidade é levar-nos ao encontro de uma reflexão que mostra que o conceito de

---

33. Lepargneur, H., "Da religiosidade à religião em contexto secular", in: *Atualização* nº 237, Belo Horizonte: Editora O Lutador, 1998.
34. Lepargneur, H., *op. cit.*
35. Lepargneur, H., *op. cit.*
36. Lepargneur, H., *op. cit.*

espiritualidade é por si só muito mais amplo do que as tentativas que se propõem a enquadrá-la em uma determinada prática religiosa. E como na filosofia há uma procura incessante por respostas, que ela cuida de recusar, em geral, quando oferecidas pelas religiões (o casamento medieval da filosofia e da teologia, à luz da fé, não serve mais de paradigma), a espiritualidade não-religiosa parece uma procura daquilo que a ciência não atinge, e a falta de fé não permite atingir.[37] Dessa maneira, podemos articular a nossa prática de psicoterapeutas alicerçada num processo de escuta, na qual a realidade do paciente é colocada de maneira irrestrita como sendo um momento em que, segundo o que foi acima citado, estamos efetivando um acompanhamento espiritual desse paciente. E mesmo levando-o aos níveis de introspecção em que até sua realidade material será circunscrita a esse determinante espiritual.

É importante ainda que se deixe distante dessas reflexões o paradigma, muitas vezes direcionado, sobre as reflexões de espiritualidade, quando a definição de espiritualidade estava imbricada de modo indissolúvel com a própria definição de religiosidade, sendo que até mesmo sua utilização fora desse contexto era considerada indevida e como algo estruturalmente falso e sem fundamentação filosófica.

A idéia de religiosidade, sim, implica ater-se a princípios de uma determinada religião ou mesmo de determinados rituais místicos. A espiritualidade, por outro lado, implica uma conceituação mais ampla e que possa abarcar os determinantes que estejam levando uma determinada pessoa a evoluir em sua condição humana.

O que talvez ocorra com muita freqüência é a esteriotipia preconceituosa que se desarvora quando o termo espiritualidade é trazido à tona nas discussões contemporâneas. Segundo Cipullo,[38] seria impossível não ter pré-concepções a respeito de um processo psicoterápico, já que cada linha prega, em algum nível, o que seria um sujeito "saudável". Não ter pré-concepções já seria, em si, um tipo de concepção. Contudo, quando se recebe um paciente no consultório e se decide

---

37. Lepargneur, H., *op. cit.*
38. Cipullo, M.T.A. *Falando do corpo*. São Paulo: Summus Editorial, 2000.

atendê-lo, é porque se confia na própria capacidade profissional e no poder das "técnicas psi".[39] Da mesma forma, a espiritualidade surge envolta nessas citações preconceituosas que cercam a prática da psicoterapia na atualidade. E a controvérsia e as celeumas que se apresentam no bojo de suas discussões são o indício maior de que é uma temática que está procurando sua inserção na realidade clínica de um modo mais transparente do que ocorre na atualidade.

Durante o V Congresso Brasileiro de Psicologia Hospitalar, realizado em São Paulo, no período de 09 a 12 de outubro de 2000, participei de uma mesa redonda intitulada "A questão da espiritualidade na realidade hospitalar". Dessa mesa igualmente participaram o pe. Léo Pessini, abordando "A presença do sagrado no hospital"; a dra. Ana Catarina Araújo Elias, falando de "Imagens de transcendência em pacientes terminais" e o dr. Franklin Antonio Ribeiro, abordando "A espiritualidade na prática médica"; e minha fala abordou a "Convergência do ateísmo com a espiritualidade".

Uma mesa-redonda abordando tais temáticas seguramente seria impensável alguns anos atrás. E sua presença hoje, num congresso de porte nacional que congrega as mais diferentes tendências do pensamento contemporâneo em psicologia, nada mais é que a resultante da necessidade de trazer para o centro das discussões acadêmicas e científicas questões inerentes à espiritualidade.

E, de uma forma bastante generalizada, podemos afirmar que tal tendência nada mais é que o próprio enfeixamento da prática clínica com a crença pessoal do profissional da saúde.

Isso, ao contrário de desmerecer sua prática clínica, irá engrandecê-la, pois trará para a sua atividade profissional elementos que fazem parte de sua estrutura emocional e que até bem pouco tempo tinham de ser abandonados sob o risco da perda de credibilidade nesse profissional.

A espiritualidade, quando analisada de modo abrangente, mostra que o profissional que não abandona seus postulados diante da prática

---
39. Cipullo, M. T. A., *op. cit.*

clínica tem um acréscimo em sua performance, conseguindo níveis de desenvoltura que certamente não seriam atingidos sem a sua presença.

Voltando à mesa-redonda "A questão da espiritualidade na realidade hospitalar", vamos encontrar inicialmente uma análise que possa embasar esse nosso trabalho, a apresentação do pe. Léo Pessini.

O pe. Léo Pessini, do alto de sua experiência como capelão de alguns dos principais hospitais da cidade de São Paulo, colocou de maneira magnífica sua experiência de evangelizador dentro da realidade hospitalar. Essa experiência, ao contrário do que possa inicialmente parecer, harmoniza-se perfeitamente com a prática clínica em psicologia, pois pode abranger a necessidade do paciente de ser acolhido em sua carência espiritual num contraponto de complementaridade com o atendimento psicológico. Foi colocado ainda que o paciente, ao ser atendido pelo psicólogo e pelo capelão, está sendo dimensionado na amplitude de suas necessidades emocionais e espirituais, fortalecendo-se no sentido de ter uma desenvoltura mais adequada no enfrentamento da própria patologia que o acomete. A espiritualidade, assim, ainda segundo o pe. Léo Pessini, é uma necessidade do ser humano da mesma maneira que ele tem outras necessidades, fisiológicas e emocionais. E não há como discordar da sabedoria e da profundidade de tais afirmações.

A razão que tenta negar a espiritualidade é como uma névoa que pode acobertar o Sol por alguns momentos, mas que certamente não tem como impedi-lo de brilhar fulgurante. A espiritualidade é algo que faz parte da realidade do profissional da saúde de maneira indissolúvel e embora muitas vezes negada, ainda assim, consegue manter-se fulgurante. É do pe. Léo Pessini, ainda, a colocação de que a busca de Deus pelo homem é algo que a ciência não tem como alterar e que, no momento em que se consegue aceitar tal necessidade, certamente estaremos contribuindo não apenas para o desenvolvimento da própria ciência, como também, e principalmente, para o crescimento desse homem em sua plenitude existencial.

Na seqüência dessa mesa-redonda tivemos a participação da dra. Ana Catarina Araújo Elias, expondo o resultado de sua pesquisa junto a pacientes terminais. Ela vem desenvolvendo há anos um trabalho nessa área e tem observado a necessidade desses pacientes de buscar caminhos de transcendência, não apenas para aferir sentido ao próprio sofrimento, como também na tentativa de alcançar os caminhos que irão trilhar até a morte e depois dela. Assim, a pesquisadora amealhou relatos de pacientes que foram induzidos a descrever imagens de sua realidade e de suas perspectivas de desenvolvimento. Os dados que a dra. Ana Catarina tem obtido em seu trabalho, seguramente, em breve merecerão uma publicação mais ampla, para que um número maior de pessoas tenha acesso aos dados obtidos em sua trajetória profissional.

Esses dados são apenas mais uma das inúmeras evidências da busca humana de tentar compreender as necessidades de sua alma e de sua transcendência ao longo da vida. O próprio interesse despertado pelo trabalho da dra. Ana Catarina, cada vez mais presente em encontros científicos e acadêmicos, nos quais são discutidos os atalhos e veredas do trabalho clínico, é igualmente outra evidência da conquista desse espaço pelas questões envolvendo a espiritualidade.

Em seguida, o dr. Franklin Antonio Ribeiro explanou de modo brilhante o atendimento médico pontuado pela espiritualidade, no qual o paciente é concebido como alguém que, buscando atendimento médico, busca alívio não apenas para suas sintomatologias orgânicas, como também sentido para a sua própria vida. E que o enfeixamento dessas questões, embora muitas vezes não esteja claro para esse paciente, passa necessariamente pela própria busca de caminhos espirituais. O próprio dr. Franklin Antonio Ribeiro é um desses profissionais que sempre procuram trazer para o campo das discussões acadêmicas aspectos envolvendo a temática da espiritualidade e sua presença cada vez mais freqüente nas lides acadêmicas, abraçando tais questões — evidência maior de que esse enfeixamento da espiritualidade com a prática clínica é irreversível. O dr. Franklin apresenta ainda em sua trajetória a preocupação de estudar os aspectos da espiritualidade em suas diferentes manifestações, fazendo um contraponto muito rico com a sua prática clínica. Trata-se, sem dúvida, de um profissional que, com o arrojo de sua atitude, engrandece não apenas a si mesmo, como também a todos aqueles que de alguma maneira procuram trazer, para a prática clínica, questões envolvendo a espiritualidade.

E, finalmente, em nossa mesa-redonda aconteceu ainda a minha fala "A convergência do ateísmo com a espiritualidade". É interessante salientar que o simples título da minha apresentação já confere um certo paradoxo, como se fôssemos tratar de questões que não podem estar juntas e que não se harmonizam ainda que apenas tangencialmente.

E, de forma geral, posso afirmar, sem medo de errar, que muitas pessoas se sentiram atraídas em ouvir o conteúdo dessa apresentação pela perspectiva de que estaríamos falando algo discrepante, tanto em conceituação como no sentido de excludência das temáticas.

E frise-se que, num argumento contrário a tais afirmações, podemos citar o próprio Sartre, que, como foi dito anteriormente, sendo um dos principais arautos do existencialismo contemporâneo, foi o pensador que mais trouxe Deus para a filosofia em sua tentativa quase irascível de negação, e, hoje se sabe, por meio de levantamentos filosóficos de estudiosos, que foi o autor que mais falou de Deus nas lides de filosofia. Até mesmo os autores que preconizavam a presença de Deus em suas vidas e até mesmo participavam formalmente de determinadas religiões, seguramente não falaram tanto de Deus em suas obras quanto Sartre. E até mesmo o próprio Freud, quando afirma que buscamos a Deus como um impulso infantil de proteção paterna, idealizando uma proteção que de fato inexiste, igualmente trouxe à mesa das discussões contemporâneas, envolvendo principalmente os apaixonados pela psicanálise, a pertinência dessas afirmações num contraponto que poderíamos colocar no próprio rol das configurações da necessidade de discussão dessa temática nas lides psicanalíticas. E se era fato que Freud se dizia igualmente ateu, é verdade que tanto ele quanto Sartre figuram na lista dos principais autores que contribuíram para a própria humanização do homem na contemporaneidade. Suas obras evidenciam a todo momento a necessidade de humanização do comportamento do homem numa completa sobreposição com as vicissitudes e desatinos contemporâneos. Assim, o conteúdo de minha fala abordou os pontos de convergência de autores identificados com o ateísmo e que, no entanto, apresentam propostas de conduta humana que certamente se harmonizam com princípios espiritualistas.

Dessa forma mostrou-se que tanto os princípios religiosos quanto os ateístas propõem aspectos libertários da condição humana, no sentido de fazer com que a plenitude do homem contemporâneo seja resgatada, em que pese o número de desatinos e de agressões sofridos por esse mesmo homem.

E, de outra parte, podemos identificar em nossa prática clínica um quê de samaritanismo em nossa performance, pois, ainda que os atendimentos sejam remunerados, não podemos nos distanciar do fato de que o nosso trabalho, antes de qualquer outro ponteamento, visa ajudar pessoas a se libertarem de suas agruras existenciais.

O próprio sentido de nossa escolha profissional recai ainda no fato de que, a despeito do grande leque de possibilidades existentes, optamos por uma atividade que, em última instância, é voltada para a humanização do homem e de suas potencialidades libertárias rumo a uma vida mais digna e fraterna. E, ainda que tenhamos o rótulo de ateísta, tais princípios por si já nos remetem ao encontro de um nível de espiritualidade que certamente converge para a busca daqueles definidos como sendo espiritualistas.

Dessa maneira, não importa se o profissional se identifique como existencialista ou psicanalista, e que, portanto, seja identificado com o ateísmo de seus principais arautos, a questão principal que deve ser colocada em relevo é que tanto os psicanalistas como os existencialistas estão desenvolvendo uma prática que visa tornar a vida das pessoas mais amena e prazerosa diante das dificuldades contemporâneas.

Igualmente o que está presente numa análise mais ampla é a própria dimensão espiritual do homem em sua plenitude. E negar tais premissas é negar que podemos atingir diferentes níveis de consciência e de evolução transcendental independentemente da maneira como conceituamos tais fenômenos.

É dizer que buscamos a nossa própria transcendência, embora muitas vezes não tenhamos uma reflexão sistematizada sobre o tal fato nem tampouco uma conceituação filosófica que possa abarcá-la.

Buscamos a espiritualidade sem defini-la e mesmo sem buscar o contraponto com a sua presença em nosso cotidiano com as coisas que cercam a nossa realidade existencial. *Vivemos a espiritualidade ainda que estejamos conceituando-a como ateísmo.* É importante ressaltar, nesse ponto, que muitas vezes definimos como ateísmo um determinado posicionamento como se tal conceituação fosse a própria negação da condição humana.

Nada mais falso, pois ateísmo é exatamente a descrença na abstração arbitrariamente imaginada e que foi denominada Deus.

A busca da espiritualidade e da transcendência não passa necessariamente pela busca de Deus. Ou, se quisermos alongar ainda mais tais conceituações, a busca da transcendência humana não depende da espiritualidade presente na busca da crença em Deus. A crença em Deus é algo que brota no coração do crente e não é, de maneira alguma, indispensável para a nossa elevação enquanto condição humana. O que se faz necessário no rol de tais discussões é o enquadramento de tais conceituações para que não percamos de vista os parâmetros de nossa análise da presença da espiritualidade na prática clínica.

Os pontos apresentados pelo ateísmo representado principalmente por Freud e Sartre em nenhum momento traz ao seio de seus ponteamentos colocações que impliquem algo que seja o acirramento ou incitamento do ódio presente na condição humana. Ao contrário, trata-se de analisá-lo e na seqüência propor reflexões que, se efetivadas, possam torná-lo algo que se tenha sob controle para que as relações humanas se mantenham de modo satisfatório.

E ressalte-se ainda que não é criação do ateísmo nenhuma das manifestações de destrutividade presentes no homem contemporâneo, nem tampouco seus derivamentos de destruição do homem pelo próprio homem. Apenas faz-se uma análise na qual tais questões são colocadas e permeadas de modo a ter-se uma compreensão muito ampla de sua abrangência e de sua interferência na própria condição humana.

E, se tanto Freud quanto Sartre trouxeram tais questões para a mesa das discussões contemporâneas, certamente o fizeram tentando dar luz à própria aridez contemporânea. Ou ainda, nas palavras de

Ferreira⁴⁰ discorrendo sobre Sartre: não há talvez, a rigor, um livro sequer do grande escritor-filósofo que não vise a possível impossibilidade da formulação de uma Ética entre os limites de uma negação de valores hipostados e a necessidade de uma justa sociedade.⁴¹

Ancona-Lopez,⁴² de outra parte, refletindo sobre a experiência religiosa na psicologia clínica, afirma que o símbolo religioso, o rito, a palavra, o mito são sempre maiores do que nossa capacidade de apreensão; excedem as categorias do entendimento comum e seus vários sentidos,⁴³ dão-se a ver e retraem-se, provocando conhecimento instantâneo vivo para, em seguida, tornar-se apenas lembrança.⁴⁴ É, por assim dizer, uma colocação que mostra de maneira bastante clara e profunda não apenas questões pertinentes à espiritualidade e à transcendência, como também traz à tona das discussões valores propriamente inerentes à prática religiosa. É ainda de Ancona-Lopez⁴⁵ o ensinamento de que a inclusão da experiência religiosa na clínica psicológica exige abertura para a metáfora, para os símbolos, para o desconhecido, para o reconhecimento do instante fugaz em que um significado, restaurado, torna-se pleno de vida.⁴⁶

De outra parte, podemos ainda afirmar que a temática da espiritualidade se torna cada vez mais freqüente no seio das discussões acadêmicas até mesmo pela necessidade de uma ampliação dos próprios horizontes da prática clínica.⁴⁷ E se, como vimos anteriormente, questões inerentes à espiritualidade eram parte predominante apenas das

---

40. Sartre, J. P., *O existencialismo é um humanismo*. Lisboa: Editora Presença, 1970. Virgilio Ferreira traduziu este livro de Sartre para o português, e essa citação do texto foi extraída da introdução, de sua autoria.
41. Sartre, J. P., *op. cit.*
42. Ancona-Lopez, M., "Religião e psicologia clínica: quatro atitudes básicas", in: Massini, M. e Makhfoud M. (orgs.), *Diante do mistério*. São Paulo: Edições Loyola, 1999.
43. Ancona-Lopez, M., *op. cit.*
44. Ancona-Lopez, M., *op. cit.*
45. Ancona-Lopez, M., *op. cit.*
46. Ancona-Lopez, M., *op. cit.*
47. Angerami, V. A., *Psicoterapia existencial,* 1ª ed., 2ª reimp., São Paulo: Editora Pioneira, 1998.

obras de Frankl e Jung, certamente a reflexão enfeixando ateísmo e espiritualidade dá-nos um dimensionamento no qual torna-se claro que a questão da espiritualidade está presente até mesmo onde alguns estudiosos não o poderiam conceber.

Estamos, dessa forma, diante de indicadores que nos mostram a presença da espiritualidade em tudo aquilo que fazemos, em todos os nossos sentidos de busca rumo a uma evolução da própria condição humana.

Contijo,[48] por outro lado, refletindo sobre a cientificidade, nos ensina que a racionalidade científica facilmente tende a se consolidar como empresa totalitária num mundo despido de subjetivação em que todo sentido existente se reduz à univocidade de sentido oferecida pela cientificidade.[49] E, para melhor enfatizar seu posicionamento, Contijo[50] coloca ainda que quando a ciência então se estabelece como empresa totalizante — por definição incapaz de totalidade, mas que inevitavelmente pressupõe o todo em proposição do tipo tudo é não todo —, o corpo do mundo investido pela perspectiva científica torna-se um corpo fragmentado, um mero conglomerado de jogos de linguagens díspares sem unidade e sem relações essenciais em si.[51] E para melhor definir o próprio limite da ciência diante de questões envolvendo a compreensão da condição humana, Contijo[52] afirma que basta nos formularmos uma simples e banal questão, por exemplo: pode um médico responder à pergunta "o que é o homem"?; pode um psicanalista responder à pergunta "o que é o homem"? Se não, pode então a ciência responder à pergunta "o que é o homem"? sem que sua resposta seja mero somatório de respostas?[53] E, buscando uma melhor reflexão para tais ponteamentos, Contijo[54] afirma em seguida que esboçamos até

---

48. Contijo, E. D., "Limites e alcance da leitura freudiana da religião", in: Massini, M., e Makhfoud M. (orgs.), *Diante do mistério*. São Paulo: Edições Loyola, 1999.
49. Contijo, E. D., *op. cit.*
50. Contijo, E. D., *op. cit.*
51. Contijo, E. D., *op. cit.*
52. Contijo, E. D., *op. cit.*
53. Contijo, E. D., *op. cit.*
54. Contijo, E. D., *op. cit.*

os primeiros questionamentos relativos a uma dialética dos limites e à exigência de transcendência decorrente dessa dialética, presente no coração da exigência crítica, pois, compreender um limite como limite, implica sempre uma transcendência do limitado como revelador de uma abertura do homem. Por exemplo, falar da finitude exige o conceito de infinito, um pensamento no homem que pensa muito mais do que ele pensa.[55]

E, de outra parte, se é impossível achar em cada homem uma essência universal que seria a natureza humana, existe contudo uma universalidade humana de condição. Não é por acaso que os pensadores de hoje falam mais facilmente da condição do homem que da sua natureza. Por condição entendem mais ou menos distintamente o conjunto de limites que a priori esboçam a sua situação fundamental no universo. As situações históricas variam: o homem pode nascer escravo numa sociedade pagã, ou senhor feudal, ou proletário. Mas o que não varia é sua necessidade de estar no mundo, de lutar, de viver com os outros e de ser mortal.[56]

Ressalte-se ainda que a noção de Deus, erroneamente, pode parecer como sendo o determinante que faz com que as relações humanas sejam fraternas e até mesmo possíveis. Dostoiévski escreveu: se Deus não existisse, tudo seria permitido. A essa questão Sartre responde empunhando seu posicionamento ateísta: aí se situa o ponto de partida do existencialismo. Com efeito, tudo é permitido se Deus não existe e fica o homem, por conseguinte, abandonado, já que não encontra em si, nem fora de si, uma possibilidade a que se apegue. Antes de mais nada, não há desculpas para ele. Se, por outro, Deus não existe, não encontramos diante de nós valores ou imposições que nos legitimem o comportamento. Assim, não temos nem atrás de nós, nem diante de nós, no domínio luminoso dos valores, justificações ou desculpas. Estamos sós e sem desculpas.[57] E para melhor enfatizar a responsabilidade

---

55. Sartre, J. P., *op. cit.*
56. Sartre, J. P., *op. cit.*
57. Sartre, J. P., *op. cit.*

advinda de sua condição humana, Sartre apresenta aquela que, seguramente, é uma das mais belas colocações da história da filosofia, e que nos conclama para que assumamos nossa responsabilidade diante de nossos próprios atos: o homem está condenado a ser livre. Condenado, porque não se criou a si próprio; e, no entanto, livre, porque uma vez lançado ao mundo, é responsável por tudo quanto fizer.[58]

Ainda esboçando a nossa responsabilidade diante dos próprios atos, Sartre irá conceituar um conjunto de valores que implicam uma situação que poderia ser muito bem definida como ascese espiritual no sentido pleno das definições dos mosteiros cristãos ao longo dos séculos: o existencialista não crê na força da paixão. Não pensará nunca que uma bela paixão é uma torrente devastadora que conduz fatalmente o homem a certos atos e que, por conseguinte, tal paixão é desculpa. Pensa, sim, que o homem é responsável por essa sua paixão. O existencialista não pensará também que o homem pode encontrar auxílio num sinal dado sobre a terra, e que o há de orientar; porque acredita que o homem decifra ele mesmo esse sinal como lhe aprouver. Pensa, portanto, que o homem, sem qualquer auxílio, está condenado a inventar o homem. O homem é o futuro do homem.[59]

A moral kantiana, de outra parte, afirma: não trate os outros como um meio, mas com um fim. Tais colocações nos remetem claramente ao fato de que não existe moral geral. Nenhuma moral geral pode indicar-nos o que fazer; não há sinais exteriores fixos a nos indicar que caminhos seguir ou até mesmo a nos definir e conceituar o que seja espiritualidade ou mesmo transcendência. Ou, ainda, o que significa estar com Deus, ou mesmo estar diante de Deus. Também não temos indicadores precisos sobre a presença de Deus na prática clínica, nem tampouco de sua ausência. E a partir do momento em que as possibilidades que considero não são rigorosamente determinadas pela minha ação, devo desinteressar-me por tais conceituações, porque nenhum Deus — da maneira como o definimos em nossa tradição judaico-cris-

---

58. Sartre, J. P., *op. cit.*
59. Sartre, J. P., *op. cit.*

tã —, nenhum desígnio pode adaptar o mundo e seus possíveis à minha vontade.[60]

É estabelecer algo no nível do ideal da consciência cósmica instituído pelas religiões orientais: na sua ação que será, evidentemente, limitada pela sua morte, você poderá contar com o apoio dos outros. Significa isso contar ao mesmo tempo com que os outros farão algures na China, na Rússia, para ajudá-lo, e ao mesmo tempo, com o que farão mais tarde, depois da sua morte. E é de Sartre também uma das mais belas definições de amor: não há amor diferente daquele que se constrói; não há possibilidade de amor senão a que se manifesta no amor, não há gênio senão o que se exprime nas obras de arte.[61] É dizer que é necessário que o homem se reencontre a si próprio e se persuada de que nada pode salvá-lo de si mesmo, nem mesmo uma prova válida de existência de Deus, se antes não procurar por caminhos libertários que possam redimi-lo das vicissitudes de sua condição humana.

Os caminhos libertários que o homem tem diante de si e que muitas vezes são buscados por meio da prática clínica não podem ser equacionados no simples questionamento que reduza tais fatos à simples definição de tais conceituações.

A religiosidade, presente até mesmo no seio das relações interpessoais, é algo que não pode ser negado nem mesmo pelo maior dos ceticismos por sua própria transparência; fato que, por si só, torna sem configuração toda e qualquer conceituação científica que procura negá-lo única e simplesmente por não apresentar os quesitos necessários para que algo seja definido e abarcado pelos ditames científicos.

Sampaio[62], refletindo o modo como Jung colocou a espiritualidade em suas reflexões sobre a prática clínica, coloca que em uma época de crítica aberta ao pensamento religioso, ele (Jung) privilegiou o estudo da religião como experiência interior, evitando mesmo a discussão dos dogmas e princípios religiosos. A religião não é apenas um fenômeno

---

60. Sartre, J. P., *op. cit.*
61. Sartre, J. P., *op. cit.*
62. Sampaio, J. R., "Experiência numinosa e confissões da fé", in: Massini, M., e Makhfoud, M. (orgs.), *Diante do mistério*. São Paulo: Edições Loyola, 1999.

sociológico ou histórico, é uma das expressões mais antigas e universais da alma humana.[63] Não é casual, dessa maneira, que muitos estudiosos da conversão entre espiritualidade e a prática clínica busquem subsídios na obra de Jung, que além de contemplar inúmeras reflexões sobre tais temáticas o fez de maneira ímpar, mostrando evidências cada vez mais reconhecidas dentro do cenário acadêmico da pertinência de tal imbricamento.

É notório, no entanto, que, embora Jung mostrasse sinais bastante evidentes de sua espiritualidade, sinalizando em suas obras tal posicionamento com muita clareza, percebe-se que não existe a menor incongruência entre os seus posicionamentos sobre a prática clínica e a de autores marcados pelo ateísmo — principalmente Freud e Sartre; o que se permite concluir desse fato é que a espiritualidade é algo descrito de diferentes formas e com diferentes conceitos. No entanto, tanto os ditos ateístas como os espiritualistas estão buscando uma compreensão do homem, tentando fazer com que sua vida seja mais fraterna, digna e permeada pela justeza de ideais.

É cada vez mais evidente, dessa maneira, que as tentativas de negação de fatos nada mais são do que tentativas fracassadas de tornar sem efeitos tais constatações. Ou então, ao contrário, de se tentar dar à ciência uma ênfase e uma importância que de fato ela não possui. Não se trata de negar os avanços científicos que tantos benefícios trouxeram ao homem, mas trata-se predominantemente de reconhecer os seus limites e tentar ampliá-los numa outra configuração.

Vivemos muito tempo aprisionados pelos parâmetros impostos pela cientificidade ao nosso próprio expressionismo e, sem dúvida alguma, ao caminharmos rumo a horizontes mais amplos de compreensão do homem estaremos indo além dessas imposições.

E na medida em que aceitamos até mesmo o simples fato de que a ciência é algo em constante mutação, e que a cada dia contempla com uma magnitude cada vez maior os novos esboços de tentativa de compreensão da realidade humana, seguramente estaremos nos unindo aos

---

63. Sampaio, J. R., *op. cit.*

inúmeros esforços daqueles que caminham nessa direção. Não podemos, inclusive, perder de vista que a ciência é construída pelo homem, e se, entretanto, a espiritualidade foi deixada de lado em suas reflexões, tal fato deriva simplesmente da exclusão dessa realidade pelo homem. Negou-se, assim, algo que era parte integrante e até mesmo inerente de sua existência, acreditando que era necessário apenas uma razão absoluta para a apreensão e compreensão de sua própria condição.

É necessário aceitar como verdadeiras as palavras de Contijo[64] que afirma ser a experiência religiosa não necessariamente alienadora nem privilegiada mantenedora da realidade vigente. Trata-se de elemento da condição humana e pode estar a serviço de sua saúde mental e social.[65] É dizer que a questão de análise não é a espiritualidade em si, mas o uso ideológico que se faz de seus postulados e até mesmo de sua inserção no seio das sociedades modernas.

O teor libertário, ou mesmo alienante, das religiões é determinado pelo uso que o próprio homem faz delas manipulando a necessidade de busca de espiritualidade presente na contemporaneidade. Essa manipulação, muitas vezes, é caracterizada até mesmo pela exploração mercantilista que se faz abusando-se dos mais humildes que, buscando pela espiritualidade, deparam-se com os mais sórdidos níveis de exploração humana.

Há uma recíproca inserção e entrelaçamento de um no outro. E por mais que tentemos separá-los em nossa tentativa de análise, seguramente, muito teremos de abarcar para compreender esse nível de inserção. Ou mesmo a maneira pela qual as pessoas se fundem numa religião que, em princípio é alienadora da própria potencialidade da condição humana; até mesmo da plenitude dos próprios princípios pregados por essas mesmas religiões.

Não há como negar, de outra parte, que essas religiões, que estamos definidos como alienadoras, estejam também trazendo respostas espirituais a seus seguidores. E que, no bojo de suas contradições, trazem também respostas às dúvidas e questionamentos desses seguidores.

---

64. Contijo, E. D., *op. cit.*
65. Contijo, E. D., *op. cit.*

O que se pode questionar na presente discussão são os verdadeiros pilares sobre os quais se constroem tais respostas e mesmo tais alívios espirituais. Mas ainda assim estaremos analisando e refletindo tais questões a partir da nossa ótica acadêmico-intelectual, que na maioria das vezes está muito distante da realidade das pessoas seguidoras de tais religiões.

Nossa ótica talvez conceitue como alienante algo que para esses seguidores, ao contrário, seja extremamente libertário. E não há como negar a evidência de que algumas pessoas, ao aderirem a tais religiões, mudam suas vidas e crescem em perspectivas existenciais que talvez jamais atingissem sem o auxílio da religião. Nesse ponto, é necessário que se aceite a limitação de nossa ótica e até mesmo o modo como vamos delimitar tais conceituações a partir mesmo de como analisamos nossa própria conceituação de homem, valores e mundo.

A prática clínica, nos dias de hoje, ainda que não traga de forma explícita a presença da religiosidade do paciente em suas análises, é evidente que se abre cada vez com mais vigor para a aceitação de tal ocorrência como algo pertinente e perfeitamente inserido na realidade desse paciente. Vimos anteriormente o próprio esforço de alguns autores no sentido de fazer com que questões sobre espiritualidade não mais sejam vistas, como ocorria no passado, como meras manifestações psicopatológicas.

E embora os estudiosos de psicopatia ainda insistam em conceituar como patológicas determinadas manifestações místicas e até mesmo religiosas, é cada vez maior o número de pensadores e autores que se antagonizam com tais afirmações.

O enquadramento de determinadas manifestações místicas em entidades nosológicas é algo que está perdendo vigor seja pela própria análise de tais manifestações, seja ainda pela maneira como a própria psiquiatria está se abrindo para as novas perspectivas de espiritualidade do homem contemporâneo. E negar tais evidências é colocar-se irremediavelmente alijado das discussões contemporâneas, seja pela constatação cada vez maior da necessidade espiritual do homem contemporâneo, seja pela diversificação cada vez mais ampla do espectro de compreensão do comportamento humano.

É fato que a psiquiatria não pode simplesmente ficar alijada da evolução do pensamento contemporâneo e simplesmente ficar classificando de psicopatológicas manifestações que não considera "sadias" e "normais". Até porque os próprios conceitos de "sadio" e "normal" serão discutidos a partir de sua ótica, desconsiderando outras manifestações que insistem em ocorrer a despeito de sua própria classificação.

E, se pensarmos de maneira despojada de conceitos apriorísticos, veremos que as manifestações de religiosidade presentes principalmente nas comunidades mais simples não podem ser consideradas patológicas a partir da ótica de autores que refletiram sobre tais ocorrências dentro das lides acadêmicas, única e simplesmente por tratar-se de fenômenos que escapam à compreensão de tais analistas.

A própria realidade existencial das pessoas que pertencem a tais comunidades já faz com que suas crenças tenham a ver com uma historicidade específica e tenham em seu bojo as características de tal realidade. E não podem, portanto, ser analisadas sem se considerarem os aspectos pertinentes de tal historicidade. E, se ampliarmos nosso leque de análise, veremos que até mesmo muitas manifestações folclóricas encontram-se imbricadas com manifestações religiosas e se fundem de maneira indissolúvel uma na outra, trazendo em seus caracteres aspectos da historicidade dessa realidade. Na verdade, conceituamos como anormal tudo aquilo que não se enquadra em nossa realidade perceptiva ou mesmo que distoa de nossa compreensão acadêmica. É como se tivéssemos a condição de explicar a totalidade dos fenômenos que ocorrem à nossa volta, e, uma vez que deparamos com ocorrências para as quais não encontramos explicações convincentes, simplesmente as categorizamos como alguma entidade nosológica, alguma patologia que mereça tal classificação.

Tais questões tornam-se ainda mais preocupantes quando observamos que muitas vezes analisamos certas ocorrências sem levar em conta esse aspecto da historicidade, aspecto que por si só confere ao fenômeno uma característica que não pode ser deixada de lado em nosso aspecto conceitual. Ou ainda, nas palavras de Makhfoud[66], que, ao

---

66. Makhfoud, M., "Encomendação das almas: mistério e mundo da vida em uma tradicional comunidade rural mineira", in: *Diante do mistério, op. cit.*

analisar a religiosidade das pessoas de uma pequena comunidade rural mineira, ensina que todo o conhecimento transmitido por gerações agora é tomado por algumas pessoas que voltam sua atenção para atualizá-lo no vivido presente. Do respeito às indicações, depende a eficácia tão especial dos restos que estão por cumprir.[67] É dizer que se quisermos analisar as manifestações de religiosidade presentes em uma determinada comunidade teremos de utilizar uma análise que contemple prioritariamente sua historicidade e não apenas as nossas conceituações acadêmicas que não apenas estão distantes de tais realidades como também, e principalmente, foram tecidas por intelectuais que na maioria das vezes não consideram tais características, nem mesmo as diferenças de tais manifestações.

É importante ainda ressaltar que conceitos de espiritualidade e religiosidade há muito deixaram de ser utilizados na avaliação das manisfestações psicopatológicas, pela mesma razão já exposta anteriormente, da religiosidade presente no próprio observador. E isso, embora inegável, presente também no passado, é a força motriz que nos obriga a direcionar nossa compreensão de maneira mais ampla e abrangente.

As manifestações religiosas de uma dada comunidade são, antes de qualquer outra conceituação que se possa conceber, valores herdados da própria tradição dos valores que regem a vida dessas pessoas.

Enquadrá-los nas chamadas entidades nosológicas é desfigurar não apenas o sentido de sua manifestação como, e principalmente, dar-lhes uma conotação completamente distanciada dos valores perceptivos dessas pessoas. Exemplo desse distanciamento pode ser a maneira como a psiquiatria tradicional conceituava as crenças nas religiões que tinham tradições afro como sendo rituais que evidenciavam uma total cisão de personalidade, conferindo a seus participantes um comprometimento em termos de personalidade e de configuração com valores existenciais e sociais.

E embora seja fato que ainda iremos encontrar no bojo das teorizações da psiquiatria tais conceituações, é notório que hoje começa a ser

---

67. *Ibid. op. cit.*

descortinada uma nova compreensão de tais manifestações e, antes do enquadramento nas ditas entidades nosológicas, existe primeiramente a tentativa de compreensão de sua ocorrência dentro dos aspectos de realidade dessa manifestação.

Isso nada mais é do que a constatação de que as manifestações de religiosidade, e até mesmo de espiritualidade, estão a exigir um novo prisma de compreensão que possa dar a verdadeira dimensão de sua importância não apenas em termos do imaginário popular, como também sua influência no próprio arcabouço de saúde mental da contemporaneidade. Ou ainda, nas palavras de Amatuzzi,[68] a verdadeira experiência significativa no campo religioso pode não coincidir com o encontro de alguma tradição religiosa. Trata-se de experiência, mais ou menos independente, e outra dimensão da realidade, pela qual um sentido radical torna-se manifesto (embora sempre envolto no mistério), vivido por um encontro pessoal, no qual há por parte do sujeito como que uma remoção incondicional, embora livre, a partir dos acontecimentos ordinários, vistos sob uma nova luz, ou extraordinários, quando algo inusitado é vivido como símbolo, possibilitando um salto para uma outra dimensão.[69] É dizer que a experiência peculiar de cada pessoa não pode ser categorizada por conceitos que tecem uma análise fria e distante dos fatos e que não tenham também a preocupação de abranger em seu esboço a própria realidade existencial dessa pessoa.

Num contraponto ainda mais radical podemos afirmar, inclusive, que a experiência vivida por uma determinada pessoa em termos de espiritualidade é um fenômeno que só ela pode alcançar em seu real e verdadeiro dimensionamento.

O verdadeiro nível de transcendência que ela tenha alcançado nessa experiência seguramente só ela mesma pode conceituar na amplitude de sua ocorrência. Se não somos capazes de exprimir com palavras a emoção que se sente num beijo — algo presente no cotidiano

---

68. Amatuzzi, M. M., "Desenvolvimento psicológico e desenvolvimento religioso: uma hipótese descritiva", in: *Diante do mistério, op. cit.*
69. Amatuzzi, M. M., *op. cit.*

da maioria das pessoas —, como exigir que uma experiência que implique a transcendência dos valores e limites existenciais possa ser delimitada e definida operacionalmente?!

Laing,[70] de outra parte, ensina que a realidade evolui do relativo para o absoluto. A pessoa a quem julgamos absolutamente errada precisaria ser destruída antes que destruísse a si mesma ou a nós.[71] Não queremos dizer, naturalmente, que desejamos destruí-la de fato. Queremos, sim, salvá-la da terrível ilusão de que pretendemos aniquilá-la. Não percebemos que a única possibilidade é liquidar sua ilusão, a ilusão que acreditamos irá destruí-la. E se, de outro lado, temos o direito de ter ilusões que nos remetem a todo tipo de ilusionismo — horóscopo, tarô, quiromancia, etc. —, deveríamos também ter a complacência, para dizer o mínimo, com aquilo que denominamos de ilusão na busca das pessoas mais simples pelos caminhos da religiosidade.

É de Laing[72] também a reflexão que nos mostra que a conceituação de doença mental, e por conseguinte de normalidade, está diretamente relacionada com a ideologia dominante em uma dada sociedade.[73] A pessoa pode ser colocada numa situação insustentável compreendendo uma série de posições irreconciliáveis. É assim quando a posição, ou as posições, no sistema de fantasia social torna-se tal que não lhe permite manter nem abandonar sua própria fantasia. O que é chamado episódio psicótico numa pessoa pode ser muitas vezes uma experiência peculiar na busca das diversas experiências possíveis na vida humana.

No cotidiano empregamos, entre outras, duas noções de "verdade". Uma nos remete ao conceito de "verdadeiro valor" de uma preposição, o sentido absoluto da relação das palavras com as coisas. Laing,[74] nesse sentido, nos ensina que, em linguagem comum, é muitas vezes mais importante para nós avaliarmos se uma determinada pessoa está falando a verdade, se está mentindo ou enganando a si mesma, etc.[75]

---

70. Laing, R. D., *O eu e os outros*. Petrópolis: Editora Vozes, 1972.
71. Laing, R. D., *op. cit.*
72. Laing, R. D., *op. cit.*
73. Laing, R. D., *op. cit.*
74. Laing, R. D., *op. cit.*
75. Laing, R. D., *op. cit.*

Heidegger comparou o conceito natural científico de verdade com uma noção que encontrou em alguns pré-socráticos. Enquanto, na ciência natural, a verdade consiste numa correspondência entre o que se passa na estrutura intelectual e o que se passa entre a estrutura de um sistema simbólico "mental" e a estrutura dos acontecimentos "no mundo",[76] de outra parte, no conceito dos pré-socráticos, a verdade é aquilo que não encerra segredos, o que se revela sem véus. Tal conceito tem implicações práticas interpessoais em termos de dizer a verdade, mentir, fingir, enganar por palavras ou atos: procura-se constantemente avaliar a posição da pessoa em relação às suas palavras e atos.[77] Dessa forma, e considerando-se as ações do outro à luz desta última forma de verdade ou falsidade, diz-se que o homem é verdadeiro ou "autêntico" quando se "sente" que ele quer dizer o que diz, ou diz o que quer dizer.[78]

Assim, suas palavras, ou outros meios de expressão, constituem "verdadeiras" manifestações de sua experiência ou intenções "reais". Entre essa verdade e uma mentira há lugar para as mais curiosas e sutis ambigüidades e complexidades em que cada qual se revela ou se oculta. Diz-se com segurança: "seu sorriso o revelou" ou "aquela expressão é pura afetação", ou "isso soa verdadeiro".[79] O mentiroso engana aos outros sem enganar a si mesmo. Não existe segurança absoluta de que seja possível qualificar corretamente a relação de alguém com suas próprias ações.[80]

E dizer que quando avaliamos determinadas facetas das relações interpessoais estamos deduzindo a partir da nossa própria conceituação de tais fatos e, na quase totalidade das vezes, num distanciamento total da própria realidade em si.

Nesse sentido, ainda é importante ressaltar que a própria dificuldade da inserção da espiritualidade no campo da cientificidade deve-se à incongruência entre determinados cientistas que, embora adeptos

---

76. Laing, R. D., *op. cit.*
77. Laing, R. D., *op. cit.*
78. Laing, R. D., *op. cit.*
79. Laing, R. D., *op. cit.*
80. Laing, R. D., *op. cit.*

de práticas religiosas, insistem em negar tal ocorrência em suas vidas, tornando as colocações de Laing soberanas e absolutas.

"Vou para a casa do meu Senhor", respondia o escravo cristão ao ser interpelado pelo soldado romano. Esse sofisma é um jogo de palavras contendo a inexorável separação entre homem e homem, que amor algum, nem a mais completa experiência de união anula completamente. Assim, quando as palavras, os gestos, os atos de um homem revelam suas verdadeiras intenções diz-se que são autênticos e não simulados, como uma moeda genuína e não falsa.[81] No tocante a aspectos envolvendo conceituações de religiosidade e de espiritualidade temos, então, uma gama tão grande de tentativas de compreensão que seria praticamente impossível tentar arrolá-las num determinado esboço reflexivo.

Ao nos debruçarmos sobre a implicação que tais conceituações apresentam, e seguramente citamos várias neste trabalho, representando os mais diferentes segmentos do pensamento contemporâneo, vamos ao encontro dessa realidade: a peculiaridade dessa experiência não pode ser concebida senão única e exclusivamente no seio da emoção vivida e experenciada de modo único e inefável.

## UMA BREVE REFLEXÃO SOBRE A ESPIRITUALIDADE NA PRÁTICA CLÍNICA

Inicialmente vamos nos direcionar para o episódio evangélico em que Cristo visitando a Simão depara-se com uma pecadora que unge-lhe os pés: "Por isso, te digo que os seus muitos pecados lhe são perdoados, porque muito amou: mas aquele a quem pouco é perdoado pouco ama. E disse a ela: os teus pecados te são perdoados. E os que estavam à mesa começaram a dizer entre si. Quem é este, que até perdoa pecados? E disse à mulher: a tua fé te salvou; vai-te em paz" (Lucas 7, 47-50).

---

81. *O eu dividido, op. cit.*

Nesse trecho é notório que na fala de Cristo está a colocação "a tua fé te salvou". Podemos perceber que não foi a fé de Cristo que a perdoou, e sim a fé da mulher pecadora.

Chessick[82] ensina que o psicoterapeuta descende de uma linhagem que tem como ancestrais o curandeiro, o pagé, o médico de família e o conselheiro espiritual. É fato ainda que existem muitas variações de aconselhamento psicológico que se fundem com aspectos religiosos de forma indissolúvel.

Vale, a esse propósito, citar o trabalho da dra. Izar Xausa, que criou em Porto Alegre um serviço de Aconselhamento Confessional, no qual, a partir dos conceitos teóricos de Victor E. Frankl, estabeleceu um atendimento que unia tanto as necessidades espirituais como as psicológicas das pessoas que procuram por esse serviço.

Também é cada vez maior o número de religiosos — pastores, freiras, padres, etc. — que se formam em psicologia e tentam unir essas duas esferas da realidade humana.

Voltando, então, ao Evangelho de Lucas, deparamos com uma questão presente com muita intensidade na prática clínica. Ou seja, a situação de pacientes que procuram pelo atendimento psicoterápico com uma fé muito grande, acreditando que o simples contato com o psicoterapeuta irá aliviar-lhes as culpas e mazelas existenciais.

É fato que muito do desenvolvimento psicoterápico tem a ver principalmente com a fé que o paciente tem nesse processo. É comum, inclusive, pessoas que, ao iniciarem o processo psicoterápico, começam a sentir alívio para seus desatinos existenciais. Ou ainda, de pessoas que ao simples início do processo terapêutico começam a perceber o próprio mundo sob outra ótica, mudam assim a percepção dos fatos, para na seqüência tentarem alterar também os próprios fatos.

Cristo diz à mulher pecadora sem titubeio ou devaneio: "a tua fé te salvou", mostrando claramente que a única dialética presente nesse episódio é a força da fé da pecadora e que Ele simplesmente referendou esse perdão diante da força dessa fé.

---

82. Chessick, D. R. *Why psychotherapists fail*. Nova York: Science House, 1971.

"A tua fé te salvou" remete-nos a princípios até mesmo das chamadas doenças psicossomáticas, nas quais o processo de cura de determinadas patologias dependem, na prática, única e exclusivamente da fé do paciente em seu processo de cura. Assim, é muito comum, por exemplo, pessoas que são diagnosticadas como sendo portadoras de câncer ou de outras doenças degenerativas e que procuram por tratamentos espiritualistas para o enfrentamento dessas patologias, na quase totalidade das vezes não terem encontrado na medicina valores absolutos de cura.

E por mais paradoxal que possa parecer, e contrariando até mesmo os preceitos da medicina, essas pessoas encontram a cura para seus sintomas dentro dos chamados "tratamentos espiritualistas".

E, sem dúvida alguma, uma das maiores determinantes para que os "tratamentos espiritualistas" tenham eficácia é a fé do paciente nesse tratamento.

Podemos até mesmo afirmar, quase sem margem de erro, que a cura é promovida pelo próprio paciente por meio de sua fé nesses tratamentos.

*É a sua fé que o cura; é a sua fé que escancara os limites da ciência e a total incompreensão da natureza dessa ocorrência.*

É igualmente a fé desse paciente que transforma doenças degenerativas sem a mínima chance de cura em "nada", obrigando a medicina a simplesmente defini-las como remissão espontânea — explicação que, ao mesmo tempo em que define o desaparecimento da doença, nada afirma sobre a natureza dessa ocorrência e sobre a cura do paciente.

O número de pacientes diagnosticados com doenças incuráveis e que apresentam sinais de cura após a procura pelos chamados tratamentos espiritualistas é incontável, e, certamente, já deveria merecer um olhar um pouco mais atento, tanto da medicina quanto de outras áreas que igualmente estudam questões pertinentes à saúde.

E ao negar tais evidências, o que os profissionais da saúde, de uma forma geral, estão conseguindo é apenas e tão-somente distanciarem-se da ocorrência de um fenômeno cada vez mais buscado pelos pacientes diante da inoperância da ciência.

E se é fato que a espiritualidade consegue responder a questões de cura, sobrepondo-se inclusive à própria ciência, por que não existe uma cooperação entre tais forças no sentido de um entendimento mais amplo da questão?! Igualmente, por que a ciência despreza com tamanho vigor tais manifestações espiritualistas se nelas consegue-se obter respostas às questões para as quais a cientificidade se mostra incompetente?!

Talvez fosse necessário que nos debruçássemos sobre o significado da espiritualidade na vida humana e das forças que ela tem para mobilizar as pessoas que a ela recorrem, desesperadas com o surgimento de uma determinada doença.

Nesse ponto da reflexão, é importante ressaltar que não existe diferença significativa no sentido da busca dos caminhos espiritualistas no tocante a especificidades religiosas.

Assim, uma determinada pessoa pode ser participante de uma determinada religião, mas sem qualquer constrangimento poderá recorrer a outros caminhos quando se vê acometida de determinadas doenças e tem indicação de que naqueles caminhos encontrará a tão almejada cura. É como se o quesito necessário para tais condições, e que levam esse paciente à cura, seja única e tão-somente sua fé nos caminhos a serem buscados.

Isso explica facilmente por que uma determinada pessoa procura por determinados caminhos acometida por doença degenerativa muito grave e encontra a cura, e outras, possuidoras de patologia menos severa, não encontram sequer um alívio mínimo. A fé determina a congruência dos caminhos percorridos e, ao contrário, até mesmo a maneira como se pode ficar distante da possibilidade de cura.

Não há como definir operacionalmente tais ocorrências com os recursos de que dispomos nos caminhos da ciência. Tampouco como abarcar as peculiaridades que se manifestam quando um determinado paciente procura por tais caminhos, deixando de lado as possibilidades oferecidas pela ciência.

Nesse aspecto, merece ainda destaque o fato de que muitos pacientes que procuram pelas alternativas espiritualistas diante do diagnóstico de doenças degenerativas, muitas vezes sequer possuem em sua realidade existencial vivência com alguma determinada religião. Ou seja, os caminhos espiritualistas são procurados diante do diagnóstico da doença, e ainda assim a fé desse paciente pode levá-lo à cura.

Não existe nenhuma relação entre religiosidade praticante e a busca empenhada por esse paciente diante do diagnóstico da doença. Assim, vamos encontrar pacientes que eram praticantes de uma determinada religião, e outros sem a menor relação com nenhuma religião, que se empenham com o mesmo afinco na busca de caminhos espiritualistas para tentar alcançar a cura que a ciência não consegue atingir. No entanto, o que ocorre para que esses grupos díspares de pacientes busquem pelas alternativas espiritualistas num total distanciamento dos caminhos científicos é algo que tangencia única e tão-somente a busca da tentativa de cura de modo absoluto.

O caminho inverso também é verdadeiro.

Nesse sentido vamos encontrar inúmeras pessoas que apresentam uma vida dentro dos parâmetros de normalidade sem nenhum indício de algum sobressalto orgânico que esteja a evidenciar algum tipo de patologia. Mas ao fazerem determinados exames e constatarem a presença de determinadas doenças degenerativas em seu organismo entram, então, num quadro de desestruturação de tal teor que se desesperam e muitas vezes acabam morrendo em questão de meses. Esse tipo de ocorrência evidencia a desestruturação emocional ocorrida em determinados pacientes; e é indício do mesmo fenômeno que ocorre com a força psíquica desses pacientes e sobre os quais, igualmente, a ciência ainda está a nos dever uma explicação minimamente convincente.

Não há como explicar nem o processo de cura empreitado por uns, nem tampouco a destrutividade vivida por outros. São multifaces de um fenômeno que insiste em nos mostrar a própria necessidade da ampliação de nossos horizontes de análise, para que as nossas teorizações não se percam em simples digressões que nada explicam, nem meramente tangenciem o fenômeno que circunstancia tais ocorrências na vida contemporânea.

E assim é: escorremos em teorizações sem a preocupação da amplitude dessas teorias, ou de sua abrangência no cotidiano de nossos pacientes.

E a lição de Cristo, entretanto, é bastante clara: "a tua fé te salvou". E ainda que não professemos o cristianismo como verdade em nossas vidas — no próprio sentido descrito anteriormente a partir dos ensinamentos de Laing —, é fato que devemos ter uma atitude de escuta serena diante de tais ensinamentos, pois eles estão a nos revelar que por trás de uma frase tão singela está o arcabouço que move muitos pacientes a se libertarem de determinadas patologias indo ao encontro da cura libertária.

Igualmente, é verdadeiro que sequer existe a necessidade de crer nos ensinamentos de Cristo, de Buda ou de Ghandi, para saber que a amplitude da fé humana possui dimensões que a nossa cientificidade não pode alcançar e atestar a veracidade de seus ensinamentos.

As palavras de Cristo são ensinamentos que têm a grandeza de transcender os limites das condições nas quais foram transmitidos.

Nesse ponto, talvez seja importante uma reflexão da maneira como desprezamos o "simples" em nossa cultura ocidental, como se ele não pudesse conter a grandiosidade do saber e da profundidade da condição humana.

É como se fosse necessária tão-somente a complexidade para que um determinado pensamento seja aceito em sua magnitude, quando, muitas vezes, é no "simples" que se encontra a própria sabedoria que norteia os principais momentos da condição humana.

As palavras de Cristo são simples: "a tua fé te salvou", e no entanto, trazem em seu bojo a própria grandiosidade de tantos ensinamentos e estudos que fazemos acerca da alma humana, tentando compreender-lhe as determinantes e até mesmo a maneira como consegue libertar-se, indo ao encontro de novas paragens existenciais.

Ghandi nos ensinou, de outra parte: "Se Deus tiver de aparecer para um faminto, ele se configurará num prato de comida". Igualmente, podemos inferir que se Deus tiver de se mostrar para um doente portador de uma grave doença degenerativa, certamente ele se configurará na própria fé desse doente, dando-lhe as condições necessárias para que encontre a própria cura.

E, igualmente, se são verdadeiras tais informações, e tudo nos leva a crer que sim, certamente estamos diante de um novo paradigma na nossa tentativa de análise da alma humana: a necessidade de um enfeixamento teórico-filosófico que contemple não apenas os conhecimentos ditados pela cientificidade como também aqueles mostrados pela sabedoria milenar da espiritualidade.

E aceitar tais configurações é, antes de qualquer outro posicionamento, abandonar conceitos que nos aprisionam às nossas próprias teorias, como se elas fossem suficientes e soberanas para poderem abarcar a totalidade de compreensão da alma humana.

E isso seguramente é uma das mais árduas tarefas que enfrentamos no meio acadêmico, pois certamente questionar os ditames da cientificidade com afirmações advindas dos mais diferentes níveis de conhecimento humano, e que não são necessariamente aceitas pela ciência, traz em seu seio um quê de ousadia e desbravamento que apenas alguns se empenham em tentar. Também é um outro nível de desdobramento que necessitamos ter em nossas buscas teóricas, pois de um modo bastante preciso, os limites teóricos precisam de uma expansão que transcenda não apenas os seus próprios limites mas e, principalmente, a nossa capacidade de busca e esteio nesse afã de apreensão da realidade humana.

Há alguns anos me dedico, enquanto psicoterapeuta, ao atendimento de pacientes vítimas de tentativa de suicídio. E durante aulas, seminários e supervisões quando sou questionado sobre a reincidência de tentativa de suicídio, ou mesmo de suicídio consumado nesses pacientes, diante da minha negativa o nível de surpresa é quase que unânime. No entanto, a questão é simples, e o meu modo de avaliar a análise de tais pacientes, diante dessa ocorrência de tentativa de suicídio, é bastante simples. O paciente, quando busca pela ajuda psicoterápica, já está se ajudando num nível que sequer podemos conceber, *já está sendo curado pela sua própria fé*.

O que fazemos enquanto psicoterapeutas é apenas ajudá-lo na busca de outras possibilidades para sua existência. Sua cura, na realidade, já foi determinada pela ajuda que ele mesmo se concedeu ao procurar pela psicoterapia.

Não incorreríamos em nenhum tipo de erro se, ao darmos alta a esse paciente, simplesmente disséssemos: "a tua fé te salvou; vai em paz".

O difícil, no entanto, é aceitarmos tal enredamento que em princípio não apenas nos tira de nossa onipotência, como também nos mostra que o principal aliado no processo psicoterápico é a fé desse paciente em seu processo de cura.

E vejam com bastante clareza que estou me referindo a casos de tentativa de suicídio, casos esses que muitos profissionais, mesmo aqueles com muita experiência clínica, muitas vezes se recusam a atender. Casos que apresentam uma complexidade, sim, não resta dúvida alguma a esse respeito, mas que igualmente mostram que o determinante maior de ajuda do próprio paciente é a sua fé na psicoterapia e nas possibilidades que se abrirão em seu campo perceptivo. A fé em si mesmo, na mesma dimensão e proporção em que se acredita na psicoterapia como instrumento libertário dos seus anseios de vida.

E se adentrarmos ainda mais nas discussões sobre a verdadeira abrangência da psicoterapia na vida contemporânea e o modo como ela ajuda um número incontável de pessoas a procurarem pelos mais diferentes caminhos, seguramente, teremos que a questão da fé estará entre as variáveis que fazem um processo ser bem-sucedido, ou, ao contrário, ficar emperrado.

A psicoterapia não é um processo que possa desenvolver-se senão única e exclusivamente pela crença tanto do psicoterapeuta como do paciente nas suas vertentes libertárias.

E também pela própria configuração e até mesmo pelo arcabouço teórico que possa estar a embasar uma determinada prática clínica.

E até mesmo num contraponto com as diversas teorias psicológicas, podemos inferir que os diversos trechos do Evangelho citados pelos apóstolos descrevendo passagens de Cristo mostram diversas situações nas quais o próprio Cristo enfatiza a questão da fé, mostrando diversos níveis de abordagem para tal questão.

Assim é na passagem da cura de dez leprosos (Lucas 17,17-19), em que Cristo depois de curar a dez leprosos responde a um deles que voltou para glorificá-lo: "Não houve quem voltasse para dar glória a Deus, se não este estrangeiro? E disse-lhe: *Levanta-te e vai; a tua fé te curou*". Ou ainda no episódio do cego de Jericó (Lucas, 18, 41-42) quando Cristo diante do cego lhe pergunta: "Que queres que te faça? E ele disse: Senhor, que eu veja. E Jesus lhe disse: *Vê, a tua fé te salvou"*. Insisto no ponto de que não há a menor necessidade de sermos adeptos do cristianismo para podermos alcançar a verdadeira dimensão desses ensinamentos. O que, de fato, eles estão a nos mostrar é um novo modo de compreender a maneira como podemos conceber a cura de nossos pacientes a partir de sua fé no tratamento e em suas próprias potencialidades.

É importante ressaltar, ainda, que a psicoterapia necessita que exista uma fé inquebrantável em seus resultados tanto pelo psicoterapeuta como também pelo paciente.

É necessária a fé do psicoterapeuta na potencialidade do paciente, como também é imprescindível que o paciente tenha fé no processo psicoterápico. O menor esmorecimento em qualquer elo dessa corrente certamente fará com que o processo não tenha resultados alvissareiros. E aí, seguramente, reside muito do detalhamento de vários processos psicoterápicos que não apresentam resultados significativos e satisfatórios.

Não havendo essa fé nas estruturas libertárias da psicoterapia, essa será um simples processo sem a menor condição que justifique seus próprios princípios. E nunca é demais frizar que não estamos declarando nada que implique em afirmações teológicas para configurar-se como real. Apenas estamos enfatizando a necessidade de atentar para nuances que estão ocorrendo no processo da psicoterapia. E, ademais, não se pode falar em psicoterapia sem concomitantemente falar na fé necessária para a estruturação de seus princípios e até mesmo de suas estruturações curativas e libertárias.

A psicoterapia é um processo desenvolvido por meio da palavra; é um processo que, utilizando-se da catarse emocional, alinhava determinados conceitos e construtos para o paciente; para que ele possa atingir o autoconhecimento, o autocrescimento e a cura de determinados sintomas. O simples fato de se afirmar que estamos diante de um processo curativo que se utiliza apenas e tão-somente da palavra como instrumental é, por si, determinante de que é necessário que se tenha fé nesses princípios para que a psicoterapia se configure como realidade. Um processo que se utiliza apenas da palavra e que, muitas vezes prescinde até mesmo de recursos medicamentosos, é algo que se funda na fé em nossa condição humana, condição essa que nos propicia a capacidade de efetivarmos a nossa própria transcendência naquilo que temos de mais humano: a palavra.

E se é fato que por meio da palavra desenvolvemos a nossa condição de transcendência — seja pela psicoterapia, seja ainda por outros métodos —, certamente configuramos dessa forma a necessidade de um aprumo bastante peculiar no sentido de estreitar-se o poder da palavra e a fé na sua potência. Potência que faz dela algo que por mais que se dimensionem ou estabeleçam paradigmas de compreensão, ainda assim, estaremos distantes de sua real e verdadeira abrangência.

A fé na condição da palavra e sua estruturação dentro do processo psicoterápico é algo que não pode ser aprisionado em simples construtos teóricos. E a própria condição que se atinge na plenitude de um processo psicoterápico, igualmente, é a peculiaridade que a própria fé configura e estabelece como real. Não há como esperar um processo psicoterápico em plenitude e ao mesmo tempo prescindir da fé em seus resultados.

E isso tudo independentemente do cabedal teórico adotado para embasar esse processo. E podemos até mesmo afirmar, sem preocupação com erro, que mesmo outros processos, como uma intervenção cirúrgica, por exemplo, dependerá da fé dos envolvidos para o restabelecimento do paciente e até para o resultado efetivo da cura. É sabido até mesmo que inúmeros processos pós-operatórios não apresentam resultados satisfatórios em virtude da condição emocional, da descrença do paciente nos resultados cirúrgicos. E dizer que essa determinante da fé estará presente até mesmo naquelas situações nas quais conceituamos determinantes consideradas como absolutas na chamada dimensão científica.

"Vai que a tua fé te curou", é antes de qualquer outro conceito uma afirmativa que dimensiona a verdadeira amplitude do potencial humano de cura, ou, então, até mesmo de procura pela cura por diferentes formas de tratamento que a fé possa atingir. Não há busca se não houver fé nessa busca. E não há resultado positivo se igualmente não houver uma fé inquebrantável nas nuances que fazem desse processo algo realmente curativo.

Da mesma forma, não haverá como negar tais afirmativas se igualmente não se recorrer à própria fé para negá-la. Falar-se-á então, da falta de fé em tais princípios, mas de qualquer forma estaremos com a negação buscando ponteamentos de afirmação. É também, ainda por meio da negação, buscando transpor conceitos que ao serem contraditos trarão em seu bojo contrapontos de estruturação, que seguramente os contrapontos serão vincados e discutidos antes da negação propriamente dita. E, sempre por meio da fé, também chegaremos a pontos de convergência até mesmo de fatos que consideramos divergentes. Ou ainda, poderemos transitar de uma instância para outra, buscando como verdadeiro aquilo que era considerado falso, ou ao contrário, considerando falso aquilo que se tinha como verdadeiro.

De outra parte, em outro trecho do Evangelho de Cristo temos uma situação completamente diversa: "e quando chegou perto da porta da cidade, eis que levavam um defunto, filho único de sua mãe, que era viúva, e com ela ia uma grande multidão da cidade. E, vendo-a, o Senhor moveu-se de íntima compaixão por ela, e disse-lhe: Não chores. E, chegando-se, tocou o esquife, e todos que o levavam pararam, e disse: Jovem, a ti te digo: levanta-te. E o morto assentou-se e começou a falar. E entregou-o à sua mãe" (Lucas 7, 12-15).

Nesse episódio vemos uma situação analogicamente contrária àqueles episódios nos quais Cristo dizia textualmente: "Vai, a tua fé te curou"; aqui é a fé do próprio Cristo que opera o milagre.

Na psicoterapia, igualmente, é necessária, de um lado a fé do paciente no seu processo de cura e, de outro, a fé do próprio psicoterapeuta nas condições de superação do paciente. O menor titubeio em qualquer um desses elos certamente levará o processo psicoterápico a ser estancado, não atingindo assim seus propósitos libertários.

Insisto que não é necessário ser cristão para alcançar o dimensionamento dessas colocações, pois o contraponto dessa dialética da fé entre o psicoterapeuta e o paciente, é a pilastra sobre a qual a psicoterapia se alicerça. O que é importante ressaltar, por meio dos ensinamentos de

Cristo, é que a questão envolvendo a fé no processo de cura é, também, antes de qualquer outro posicionamento, o determinante maior no processo de cura promovido pela psicoterapia.

É sabido do imenso número de pessoas que, mesmo necessitando de tratamento psicoterápico, recusam-se a submeter-se a esse tipo de atendimento simplesmente por não acreditarem na sua eficácia. Ou então, de pessoas que se recusam a conceber a psicoterapia como um processo de cura com o simples argumento de que não é possível atingir-se a cura do que quer que seja apenas e tão-somente pela palavra.

Se o psicoterapeuta não tiver uma fé inquebrantável na capacidade de auto-superação do paciente, de nada adiantará a utilização de técnicas diversas, por mais modernas e eficazes que possam ser. A dialética desse processo de fé envolvendo o psicoterapeuta e o paciente é a determinante dos limites a serem superados e do próprio êxito da psicoterapia.

A condição de transcendência que fez do homem um ser capaz de superação, inclusive de seus limites corpóreos, tem na espiritualidade o ponto de fusão dessa condição. Somos espiritualidade tanto quanto somos humanidade. E a cura por meio da palavra, significa a cura pelo "escutar-se" da "reflexão através da fala", e, em última instância, da cura por meio da própria condição humana.

A psicoterapia se mantém em sua posição de vanguarda no resgate da dignidade da condição humana, em que pese o surgimento de tantas seitas religiosas que se propõem a libertar seus fiéis, e que na verdade irão aliená-los, e ainda do surgimento, a cada dia, de um sem-número de medicamentos que nada mais fazem que entorpecer a consciência humana.

E assim é: somos espiritualidade, tanto quanto somos humanidade. Somos espirituais tanto quanto somos psicoterapeutas.

## BIBLIOGRAFIA

AMATUZZI, M. M., "Desenvolvimento psicológico e desenvolvimento religioso: na hipótese descritiva", in: Massini, M. e Makhfoud, M. (org.), *Diante do mistério*. São Paulo: Edições Loyola, 1999.

ANCONA-LOPEZ, M., "Religião e psicologia clínica: quatro atitudes básicas", in: Massini, M. e Makhfoud, M. (org.), *Diante do mistério*. São Paulo: Edições Loyola, 1999.

ANGERAMI, V. A., *Psicoterapia existencial*. 1ª ed., 2ª reimp. São Paulo: Pioneira, 1998.

BOANAIM, E. *Psicologia transpessoal*. São Paulo: Summus Editoral, 1998.

CIPULLO, M. T. A. *Falando do corpo*. São Paulo: Summus Editorial, 2000.

_____, D. R. *Why psychoterapists fail*. Nova York: Science House, 1971.

CONTIJO, E. D., "Limites e alcance da leitura freudiana da religião", in: Massini, M. e Makhfoud, M. (org.), *Diante do mistério*. São Paulo: Edições Loyola, 1999.

FRANKL, E. V., *A psicoterapia na prática*. São Paulo: EPU, 1975.

GIOVANETTI, J. P., "O sagrado e a experiência religiosa na psicoterapia", in: Massini, M. e Makhfoud, M., (org.), *Diante do mistério*. São Paulo: Edições Loyola, 1999.

LAING, R. D. *O eu e os outros*. Petrópolis: Vozes, 1982.

LEPARGNEUR, H. "Da religiosidade à religião em contexto secular", in: *Atualização*, nº 237. Belo Horizonte: Editora o Lutador, 1998.

MAKHFOUD, M., "Encomendação das almas: mistério e mundo da vida em uma tradicional comunidade rural mineira", in: Massini, M. e Makhfoud, M. (org.), *Diante do Mistério*. São Paulo: Edições Loyola, 1999.

POELMAN, J. *O homem a caminho de si mesmo*. São Paulo: Edições Paulinas, 1993.

SARTRE, J. P. *O existencialismo é um humanismo*. Lisboa: Presença, 1970.

CAPÍTULO 2

# Breve reflexão sobre a postura do profissional da saúde diante da doença e do doente*

> *"Podemos até não lembrar de quem partilhou nossa alegria, mas jamais esquecemos quem chorou diante de nossa dor..."*
> Valdemar Augusto Angerami

## INTRODUÇÃO

A idéia deste capítulo me ocorreu ouvindo o Concerto para Violino e Orquestra em Ré Maior de Beethoven. Apreciava a temática lírica do primeiro movimento — tão singularmente modelado e que a partir das características do timbre do instrumento solista tende ao repouso, ao desdobramento, muito mais que à progressão. Suas origens remontam aos efeitos dos tímpanos no início do movimento. Em muitas variações, desde a tonalidade ré sustenido do décimo compasso da introdução, o ritmo baseado nas semínimas se revela um elemento propulsivo. Os

---
* Este texto foi originalmente publicado em *Urgências psicológicas no hospital*, São Paulo: Thomson Pioneira, 2002.

impulsos provêm também dos temas líricos, mas se desenvolvem antes de mais nada na parte solista em figurações espiraladas e mutáveis; ricamente articuladas do ponto de vista rítmico, elas se espalham por vastas extensões. O timbre do violino fascina por suas rápidas mudanças de cor, contribuindo também para distinguir o instrumento solista da orquestra, da qual é, todavia, parte integrante. Tentei articular algumas idéias observadas ao longo de anos de prática profissional, onde pude perceber determinadas *performances* que, ainda que inseridas num contexto mais amplo, se destacavam pela beleza e abrangência e que nesse momento se articulam com a temática melódica do Concerto de Beethoven.

O profissional da saúde é assim, como um solista de orquestra, que embora fazendo parte da mesma precisa ter cor própria para se sobressair e mostrar o esplendor de sua temática melódica.

Sempre somos partes integrantes de uma contextualização mais ampla em termos de conceitos e até mesmo de balizamentos de saúde. Nossa prática individual, ainda que inserida numa instituição de saúde, traz em seu bojo traços de nossas características pessoais. Assim, temos espraiado em nosso atendimento nossa concepção de valores, de mundo e da condição humana.

Somos um instrumento isolado que sola acompanhado de uma orquestra num dado momento, para em seguida fazer parte dessa mesma orquestra e acompanhar outro instrumento solista. Temos melodia e ritmos próprios. Possuímos timbre específico, mas a nossa modalidade tonal sempre é atrelada ao todo do qual fazemos parte, seja este todo uma orquestra ou uma instituição de saúde.

Tentei sistematizar alguns procedimentos observados na prática do profissional da saúde, e embora não tenha conseguido defini-los em termos tonais, pois essa não era sequer a intenção mínima desse trabalho, cataloguei alguns procedimentos em categorias de análise e observação.

Arrolei procedimentos, enfeixei postulados filosóficos para embasar essas categorizações e os alinhavei num dimensionamento descritivo. Envolvi tais conceituações numa análise qualitativa e pormenorizei a minha própria conceituação dos procedimentos descritos.

E assim como no Concerto de Beethoven onde o tema do final principia com alegre elegância por parte do solista, se repetem delicadamente duas oitavas acima após sua índole se revelar impetuosamente, fiz deste capítulo algo que certamente levará a uma recapitulação da nossa prática profissional, pois, certamente, mais do que uma suave melodia aos ouvidos, teremos diante dos olhos uma crítica ao nosso próprio procedimento.

Refleti intensamente sobre a ousadia, petulância, ou sei lá que rótulo receberei por esse tipo de categorização estabelecida neste capítulo. E, como sempre, é escrevendo que nos expomos ao crescimento, seja pelas críticas, seja ainda pelos elogios, alinhavei minhas idéias da maneira como me foi possível idealizá-las. O importante é estar contribuindo para a discussão que envolve o nosso próprio crescimento enquanto profissionais e como pessoas.

E de outra parte, tenho plena consciência, até mesmo pela repercussão de trabalhos anteriores, de que tudo que escrevemos provoca as mais diferentes reações nos níveis mais imprevisíveis nas pessoas que o apreciam. Não há como se obter consenso principalmente quando falamos sobre as peculiaridades humanas, uma vez que sempre iremos esbarrar em conceituações filosóficas, morais, sociais, etc., que sempre estarão a balizar e dimensionar os nossos escritos.

Esse é um trabalho escrito com muito amor na certeza de não apenas apresentar uma contribuição às discussões envolvendo a temática saúde, mas, sobretudo, por polemizar temas que se mantêm obscuros à nossa análise.

## SOBRE A POSTURA DE ATENDIMENTO DO PROFISSIONAL DA SAÚDE

Agrupei as posturas mais comumente observadas pelos profissionais da saúde diante dos casos de urgência e mesmo naqueles que, embora não configurando o sentido de emergência, trazem em seu bojo uma cronicidade que provoca uma simetria na postura de atendimento do profissional da saúde em ambos os casos. A denominação que dei para essas posturas foi: calosidade profissional, distanciamentos críticos, empatia genuína e profissionalismo afetivo.

Esse agrupamento, bem como essa denominação são frutos de uma experiência, não havendo, portanto, a pretensão de esgotamento do rol de posturas existentes no relacionamento do profissional da saúde com o doente e a doença.

## Calosidade Profissional

Calosidade profissional é aquela postura onde o profissional da saúde, depois de anos de prática com o doente e a doença, adquire uma indiferença total para a dor do paciente, uma calosidade que o impede de ser tocado, ainda que minimamente, pelo sofrimento do paciente. Esse tipo de postura é aquela onde o paciente é tratado pelo profissional da saúde apenas como um simples sintoma num total desprezo pela sua dor, e é o que lamentavelmente mais encontramos nas lides da saúde. Assim é cada vez mais comum ouvir uma paciente contar que teve o surgimento de câncer no seio e que a informação médica foi fria e distante, como se o médico estivesse a comunicar-lhe sobre a necessidade de uma nova tintura para a cor dos cabelos. Ou ainda de pacientes que narram que receberam a informação de diagnósticos que certamente irão alterar toda a rotina de suas vidas como se estivessem ouvindo o médico dizer de um novo produto contra a caspa. Ou até mesmo daqueles casos onde o profissional da saúde simplesmente delega a algum outro membro da equipe a responsabilidade pela informação de um diagnóstico contundente, evitando entrar em contato com o possível sofrimento emocional do paciente.

A identidade profissional nesses casos é preservada juntamente com a própria dificuldade do profissional da saúde em lidar com a dor do paciente e com a repercussão dessa dor em sua própria vida. Segun-

---
1. Laing, R. D., "O Eu e os outros". Rio de Janeiro: Editora Vozes, 1982.

do Laing[1] identidade é aquilo pelo qual a pessoa sente-se a mesma nesse lugar, no passado ou no futuro; é aquilo pelo qual se identifica.[2] Nesse sentido, é possível extrapolar-se que existe um grande número de pessoas que se sentem as mesmas desde o nascimento até a morte. Do ponto de vista estritamente emocional, o fato de o profissional da saúde adquirir a calosidade profissional para não sofrer diante da dor do paciente chega a ser justificável tanto pela quantidade dos atendimentos realizados, como pela forma como esse sofrimento pode alterar sua própria vida. Por outro lado, vemos claramente que muitos profissionais adquirem essa calosidade profissional apenas para preservar a sua identidade profissional. Laing[3] coloca ainda que todo o relacionamento implica numa definição do eu pelo outro e do outro pelo eu. Essa complementaridade pode ser central ou periférica, e ter significado mais ou menos dinâmico em diferentes períodos da vida.[4]

Dessa maneira, é muito difícil a contraposição que existe com grande propulsão social de que o bom profissional é aquele que não se envolve com a dor do paciente, como se fôssemos capaz diante do sofrimento de acionar algum botão que nos desligasse de todo e qualquer envolvimento que abalasse a nossa estrutura emocional. A identidade da pessoa não pode ser completamente abstraída de sua identidade para os outros, para si mesma, da identidade que os outros lhe atribuem, daquela que ela atribui aos outros, da identidade ou identidades que julga que lhe atribuem, ou que pensa que eles pensam que ela pensa que eles pensam...[5]

Assistimos freqüentemente a associação de que o sofrimento do paciente é algo que diz respeito apenas à sua pessoa e aos seus familiares, cabendo ao profissional da saúde apenas o relacionamento com a doença, não infringindo as regras que a calosidade profissional imprimiu ao relacionamento interpessoal. O profissional da saúde relaciona-se com a doença, não se importando com o sofrimento emocional e

---

2. *Ibid. op. cit.*
3. *Ibid. op. cit.*
4. *Ibid. op. cit.*
5. *Ibid. op. cit.*

familiar que ela esteja a imputar às pessoas envolvidas nesse processo. Existe a necessidade de se criar um invólucro que protegesse o profissional de todo e qualquer sofrimento emocional que uma determinada doença pudesse lhe provocar.

O número de pacientes que se sentem completamente desamparados diante desse procedimento é aterrorizador, pois a informação do diagnóstico é colocada como sendo uma informação sobre uma determinada doença. Suas implicações, o modo como o paciente pode reagir emocionalmente diante desse diagnóstico, a desestruturação familiar advinda, as conseqüências sociais e tudo o mais que se quiser arrolar nessa discussão não dirão respeito ao profissional da saúde, que tem sua prática escorada na calosidade profissional. A sua relação é com a doença! O doente e seus familiares são excluídos em seu imaginário do próprio universo da doença. O seu imaginário irá preservá-lo de qualquer sofrimento emocional simplesmente excluindo do rol de suas preocupações a figura do doente. Não existe preocupação com possíveis desatinos emocionais desse paciente. Sua relação é com os sintomas, diagnósticos, prognósticos, terapêutica e tudo o mais que implica no tratamento dessa doença, excluindo-se de maneira totalitária as implicações da doença na pessoa do doente.

Busca-se a eficácia terapêutica com um vigor e um afinco cada vez mais diferenciado. Pesquisas mostram com uma velocidade astral o efeito de determinadas drogas diante da ocorrência de determinadas doenças. Avanços são obtidos na área tecnológica que permitem diagnósticos da mais alta precisão, com recursos que vão desde a simples ingestão de determinadas drogas até os recursos obtidos através de efeitos de raios laser e mesmo de recursos panorâmicos.

No entanto, a emoção que determina o surgimento ou o agravamento de determinadas doenças é desprezada, como se não fizesse parte do universo a ser explorado e considerado na anamnesse do profissional da saúde. Auto-identidade é a história que a pessoa conta a si mesma a seu próprio respeito. A necessidade de nela crer parece muitas vezes o dese-

---

6. *Ibid. op. cit.*

jo de depreciar uma outra história, mais primitiva e mais terrível.[6] E até mesmo a necessidade de fazer a vida girar ao redor de uma identidade complementar (isto é, sou o filho de meu pai, o marido de minha mulher) significa temor da fantasia e ódio do que se é.[7] É como se estivéssemos ouvindo o profissional da saúde afirmar que não pode se envolver emocionalmente com o paciente e seus familiares, pois o compromisso de sua identidade profissional é com a doença, com a qual seu relacionamento ocorre dentro dos limites impostos pelo determinismo profissional; são incluídos aí desde códigos de ética até preceitos de eficácia profissional, que poderiam, eventualmente, ser questionados se uma lágrima escorresse de seus olhos diante da dor de um paciente. É como se noção de fracasso ou de eficácia tivesse a ver com o seu envolvimento diante da dor e do sofrimento emocional do paciente. É trazido para si a responsabilidade do choro diante de um diagnóstico, como se tivesse em si mesmo, em sua prática, o poder de determinar dor e sofrimento ao seu semelhante simplesmente diante daquilo que fala ou diagnostica.

Nesse sentido, o que falta ao profissional da saúde é uma visão mais lúcida de que a dor do paciente sempre tem a ver com a perspectiva de um diagnóstico, ou até mesmo com o desconhecimento desse sobre as reais implicações em sua vida. Por exemplo, um diagnóstico de alguma cardiopatia, se tiver junto uma informação acerca das reais limitações que a doença imporá à vida do paciente mostrando-lhe uma faceta que vá além dos conceitos populares sobre a fatalidade das cardiopatias, certamente lhe trará grande alívio, contribuindo, inclusive, para o seu próprio restabelecimento. Contudo, se houver essa determinação de não-envolvimento com ele e com seus familiares, mas apenas com a doença, por certo tais aspectos não serão, sequer, considerados, pois implicam em se entrar em contato com os quesitos emocionais do paciente.

A busca da identidade profissional esbarra no conceito de que uma pessoa faz de si mesma a partir do enfeixamento de condições e signos existentes e que atribuem a determinados exercícios profissionais determinadas conceituações.

---

7. *Ibid. op. cit.*

Buber[8] coloca que em todos os níveis da sociedade humana, as pessoas confirmam mutuamente, na prática, até certo ponto, suas qualidades e talentos pessoais, e uma sociedade é chamada humana na medida em que seus membros confirmam uns aos outros.[9] Embora suas citações nos remetam ao mais puro fascínio filosófico, ainda assim é pertinente a crença de que existe a necessidade de alteração nessa configuração da saúde para que a dor do paciente seja escutada de maneira mais humana, pois essa na verdade é a escora que está sustentando toda a prática do profissional da saúde. Mesmo que estejamos assistindo o desenrolar de práticas que distam completamente desses princípios, o importante é que possamos falar desse processo de humanização ainda que sejamos como velas que alumiam a escuridão, mas desaparecem completamente diante da luz do Sol — no caso representado pelo avanço tecnológico que empobrece de forma abismosa as nossas relações interpessoais.

Há diferentes níveis de confirmação e negação. Uma ação pode ser confirmada em um nível e negada em outro. Certas formas de rejeição sugerem reconhecimento limitado — a percepção e a receptividade do que é rejeitado. Uma ação rejeitada é percebida e esta percepção demonstra que é aceita como um fato. A rejeição direta não é tangencial; não ridiculariza, nem invalida de outras maneiras. Não deprecia nem exagera a ação original. Não é sinônimo de indiferença ou frieza.[10] A questão de fato é saber que tipo de atitude está presente no profissional da saúde ao ter como norma de sua conduta essa calosidade profissional que apenas o afasta de um relacionamento verdadeiramente humano, ou, como diz Buber,[11] na capacidade humana inata de confirmar seus semelhantes.[12]

Ao negar a dor do outro, o profissional da saúde não apenas nega a dor de seu semelhante como também a sua própria condição humana, pois dentre as virtudes humanas, uma das que mais nos diferencia

---

8. Buber, M. "Eu-Tu". São Paulo: Editora Moraes, 1983.
9. Ibid. *Op. cit.*
10. "O Eu e os outros". *Op. cit.*
11. "Eu-tu". *op. cit.*
12. Ibid. *op. cit.*

de outras espécies é justamente aquela que nos capacita a compreender e a apreender a dor do outro naqueles momentos onde a fragilidade humana deveria evocar uma outra virtude humana: a fraternidade.

Num livro anterior[13] citamos um dos exemplos mais pertinentes da calosidade profissional numa prática envolvendo mulheres com câncer no seio. Tratava-se da descrição de uma atividade realizada junto ao Serviço de Oncologia Ginecológica da Real e Benemérita Sociedade Portuguesa de Beneficência. Neste trabalho[14] era descrita a implantação do Setor de Psicologia naquele serviço. E havia a descrição do contraponto envolvendo, de um lado, a aceitação da equipe médica pela atuação do psicólogo e, de outro, a presença de atitudes bastante dúbias em relação aos pacientes. Uma das mais acintosas era aquela que fazia com que uma paciente sofresse mastectomia e tomasse consciência da remoção cirúrgica do seio apenas e tão-somente quando terminada a cirurgia. Essa atitude tinha respaldo no corpo clínico, que a justificava afirmando que ela não teria condições psicológicas para receber o embate dessa informação e que o sofrimento, apesar do forte impacto provocado pela consciência da ausência de um ou até mesmo dos dois seios, era vivenciado quando tudo já tivesse terminado em termos cirúrgicos.[15] Dessa forma, a equipe acreditava estar resolvendo o problema da doença — o câncer no seio —, sendo que possíveis desestruturações emocionais que essas pacientes viessem a apresentar não diziam respeito ao objetivo do trabalho da própria equipe médica. O seu bem-estar emocional não era problema da equipe médica e sim do profissional de psicologia, já que fazia parte de sua esfera de atuação o fato de lidar com complicações emocionais. A remoção do seio era tratada como se fosse apenas um chamusco de cabelo que se corta para se igualar o formato de um determinado penteado. As implicações sobre o conceito de feminilidade, estética, ou mesmo o significado do seio na

---

13. Angerami, V. A., "Psicologia Hospitalar. A atuação do psicólogo no contexto hospitalar". São Paulo: Traço Editora, 1984.
14. "Psicologia Hospitalar. A Atuação do psicólogo no contexto hospitalar". *Op. cit.*
15. *Ibid. op. cit.*

vida de uma mulher, nada era considerado, uma vez que se objetivava única e exclusivamente a extirpação do câncer.

Outros exemplos poderiam ser arrolados e lamentavelmente temos a concluir que por mais que se fale e se discuta a humanização do atendimento hospitalar e, por conseqüência, do profissional de saúde, o que mais assistimos é a total desumanização da figura do doente. Na mesma proporção do avanço tecnológico que assistimos em termos de equipamentos e recursos hospitalares, numa ordem inversa, mas infelizmente, na mesma simetria, assistimos a adoção da calosidade profissional numa total desumanização da prática da saúde.

## Distanciamento Crítico

Esse tipo de postura é aquele inerente à prática da psicoterapia, onde aprendemos no rol das técnicas psicoterápicas a necessidade de se ter um distanciamento dos problemas trazidos pelos pacientes para que não ocorra mistura entre as questões por ele mostradas e a vida pessoal e afetiva do psicoterapeuta. A diferença do distanciamento crítico e a calosidade profissional é que no caso da calosidade profissional existe uma total indiferença pela dor do outro e no caso do distanciamento crítico existe a necessidade de um certo afastamento para que a dor do paciente seja apreendida e compreendida na totalidade de sua essência. Embora seja fato que muitos profissionais ao adotarem o distanciamento crítico como postura adequada e ideal para um bom desempenho profissional na realidade hospitalar acabam assumindo a própria calosidade profissional tal a rigidez de suas condutas, ainda assim, o distanciamento crítico faz com que o profissional possa refletir de maneira serena e segura acerca dos desatinos emocionais do paciente.

Num outro contraponto entre o distanciamento crítico e a calosidade profissional, temos o fato de que o distanciamento crítico é uma postura assumida enquanto *performance* indispensável a um bom desempenho profissional, sendo fruto de reflexão pormenorizada sobre sua abrangência e até mesmo implicações na área hospitalar. A calosidade profissional, ao contrário, é algo que sorrateiramente vai se instalando sobre o profissional de saúde sem que ele perceba de forma lúcida a totalidade de sua abrangência e ocorrência.

O distanciamento crítico permite que o profissional da saúde, a despeito do número de pacientes que apresentam a dor e o desespero estampados em seu seio de sofrimento, lide com os aspectos emocionais desses pacientes de maneira lúcida, sem com isso desestabilizar-se emocionalmente. É o distanciamento crítico que permite com que ele, ainda que compreendendo a dor do paciente, mesmo assim, tenha condições de ajudá-lo, sem, com isso, ter que se escorar no próprio escombro de dor do sofrimento.

Laing[16] coloca que a perda da própria percepção e a capacidade de julgar, resultantes de uma falsa posição (duplamente falsa, uma vez que a pessoa não percebe), são compreendidas retrospectivamente. Uma falsa posição não é obrigatoriamente insustentável,[17] num contraponto onde podemos inferir seqüencialmente que o distanciamento crítico é resultante de uma certa necessidade de se colocar num falso posicionamento frente à dor do outro, que é por nós compreendida e seu sofrimento narrado é por nós escutado; mas jamais teremos condições de sentir sua dor e seu sofrimento na mesma dimensão em que por eles são vivenciados.

Ao afirmarmos que sabemos qual a atitude a ser esperada de uma pessoa diante de um determinado diagnóstico, queremos dizer que temos alguns dados a partir dos comportamentos passados de outras pessoas diante de diagnósticos semelhantes, que nos permitem predizer seu comportamento em determinadas situações. Nada mais.

Desse ponto, a peculiaridade de cada paciente com suas angústias, medos, fantasias e reações específicas diante da doença é que terá que ser o fio condutor de qualquer forma de atendimento e atitude. Berscheid e Walster[18] colocam que o termo atitude permaneceu porque a necessidade

---

16. "O Eu e os outros". *Op. cit.*
17. *Ibid. op. cit.*
18. Berscheid, E., Walster, E. H., "Atração Interpessoal". São Paulo: Editora Edgard Blucher, 1973.

prática de explicar o comportamento exige certa estabilidade e alguns elementos afetivos e cognitivos identificáveis que possam ser ligados ao comportamento social em situações sociais.[19] Uma atitude, em si mesma, não pode ser usada na predição do comportamento. É possível predizer comportamento futuro a partir de acontecimentos observáveis apenas se considerarmos a possibilidade de erro como inerente à própria previsão. Do contrário, estaremos apenas tecendo uma possibilidade entre as diversas possibilidades inerentes à própria condição humana. É o cuidado necessário para não esboçar toda uma gama de atitudes diante de um determinado paciente a partir de certos diagnósticos.

O próprio modo como o profissional da saúde se utiliza de determinado instrumental para abordar o paciente tem no distanciamento crítico o coadjuvante necessário para que essa prática não perca o seu próprio dimensionamento diante da peculiaridade do paciente. O distanciamento crítico também fará com que o profissional da saúde possa concentrar seus esforços de atuação em aspectos que possa considerar prioritários a partir da interação com o paciente, de um lado e, de outro, com a própria avaliação que esse distanciamento permite em sua subjetividade.

De outra parte, é também no distanciamento crítico que o profissional da saúde pode aferir a abrangência de sua intervenção na medida em que terá como mediador dessa intervenção o seu próprio olhar num dimensionamento possível de alteração de sua *performance*, se assim se fizer necessário.

Merleau-Ponty[20] coloca que na verdade sabemos aquilo que a interrogação pura não deve ser; o que será só o saberemos tentando. O encontro é indubitável, pois sem ele não nos proporíamos nenhuma questão. Não temos que interpretá-lo, de entrada, seja como uma inclusão naquilo que existe, seja como conclusão daquilo que é em nós.[21]

---

19. *Ibid. op. cit.*
20. Merleau-Ponty, M. "O Visível e o Invisível". São Paulo: Editora Perspectiva, 1971.
21. *Ibid. op. cit.*

Dessa forma, o encontro permeado pelo distanciamento crítico do profissional da saúde certamente será um encontro onde a dor do paciente será uma interrogação e nunca uma projeção feita a partir do contato realizado com outros pacientes em outros momentos e circunstâncias. Será uma descoberta, uma inclusão naquilo que existe, ou, ainda, como conclusão daquilo que se transforma em nós mesmos diante de cada encontro e contato existencial experenciado ao longo da vida.

O autor coloca ainda que não me ouço como ouço os outros, a existência sonora de minha voz é mal desdobrada: é antes um eco de sua existência articular, vibra mais através de minha cabeça do que lá fora[22], mostrando que a própria percepção no quesito voz tem um contraponto com o imaginário no sentido de fazer de cada relacionamento algo tangível pela concepção criada e erigida no imaginário, seja em termos de atendimento de um doente em fase terminal, seja ainda em qualquer outra forma de relacionamento interpessoal. É a minha percepção que determina a própria criticidade que irá determinar o pontuamento de como a relação com o paciente se dará e em que níveis a própria congruência de sua dor e sofrimento serão arqueados no raio de ação do limite determinado pela minha apreensão do seu fenômeno de dor. Ou ainda a forma como estabeleço as circunstâncias de atuação de modo a abarcar de maneira mais abrangente a perspectiva da configuração de sua dor e de sua desestruturação emocional.

Ao expor o seu sofrimento, o paciente não apenas revela a sua dor, mas também a sua configuração de valores, ou até mesmo a maneira como toca tangencialmente o seu próprio universo perceptivo. Embora não possamos abarcar a totalidade de sua dor no dimensionamento daquilo que ele sente, ainda assim tenho como compreendê-lo em sua configuração de desespero. Torno esse encontro decididamente humano, onde a dor tangível na relação será aliviada, não apenas pela sua compreensão, mas também, e principalmente, pelo aspecto humano e humanitário que este encontro apresentará. Merleau-Ponty ensina ainda[23]

---

22. *Ibid. op. cit.*
23. *Ibid. op. cit.*

que a percepção é o arquétipo do encontro originário imitado e renovado no encontro do passado, do imaginário, da idéia.[24]

De outra parte, porém, o distanciamento crítico se não for devidamente balizado pode tornar-se algo tão distante e meramente uma calosidade profissional. O profissional da saúde ao adotar o distanciamento crítico precisa sempre ter claro que esse posicionamento faz parte de um instrumental de atuação e que, certamente, será algo que irá contra a própria harmonia da intervenção junto ao doente se não houver um cuidado para os limites em que esse distanciamento deve ocorrer.

É sabido que muitos profissionais ao adotarem um distanciamento crítico junto ao paciente, se por um lado tentam manter um olhar de análise que os permite intervir de maneira mais ampla, por outro evita entrar em contato com a desestruturação advinda de determinados diagnósticos. É importante ter muito claro que ao se adotar o distanciamento crítico adota-se uma postura de equilíbrio, mas não uma indiferença das condições de adversidades emocionais vividas pelo paciente.

O distanciamento crítico pode ser a postura adequada a ser adotada na prática do profissional da saúde, mas deve ser criteriosa nos ponteamentos e balizamentos que se estabelece para essa prática; uma atuação delimitada de maneira humana, mas onde o olhar do profissional da saúde mantém-se num distanciamento que o permite perceber as nuances desse relacionamento e assim posicionar-se de maneira plena e autêntica.[25] De outra parte, ter-se a conformidade de que embora viva-se um contato estreitado com a dor e o desespero humano, ainda assim manter a *performance* profissional que nos permite atuar em condições tão adversas.

---

24. *Ibid. op. cit.*
25. Falamos em autenticidade no sentido existencialista, onde, no sentido mais amplo, a vida autêntica é a que se baseia numa apreciação exata da condição humana. A busca da autenticidade é a própria busca da condição humana naquilo que ela tem de mais peculiar e sublime: a consciência de si e do outro. É na autenticidade que o homem se torna, através da consciência, homem na busca de valores que irão determinar-lhe essa condição. Essa citação foi extraída do livro "Psicoterapia existencial", de Valdemar A. Angerami. São Paulo: Editora Pioneira, 1993.

## Empatia Genuína

Podemos defini-la como aquela atitude onde o profissional da saúde se envolve com o doente de um modo singelo sem o estabelecimento de qualquer barreira. Essa atitude é aquela onde o envolvimento muitas vezes transcende os limites estabelecidos na relação profissional da saúde e do doente. São aqueles casos onde a doença e o doente passam a ocupar a totalidade do imaginário emocional do profissional, fazendo com que esse transcenda, inclusive, os limites que possam resguardar sua privacidade pessoal.

Esse tipo de atitude era comum nos chamados "médicos de família", onde o profissional acompanhava uma determinada família diotunarmente, e possuía um relacionamento com os membros dessa família que praticamente não permitia nenhum distanciamento emocional quando do surgimento de determinadas doenças. Era freqüente nessas situações a ausência de qualquer enquadre profissional mais rígido, como os observados atualmente. O profissional da saúde ao ser definido como "médico da família" era alguém que também comparecia como conselheiro, ouvinte, amigo que se fazia presente e até mesmo era solicitado em outras ocasiões que não apenas durante o surgimento de alguma doença. Era alguém que conhecia todos os membros da família, e não apenas àqueles que eram portadores de alguma doença, ou quando muito os membros que poderiam acompanhar esse doente em busca de algum tipo de atendimento. Sua relação era extensiva a todos os membros. Era presente nas comemorações familiares, nas datas e ocasiões especiais; tinha um vínculo que transcendia o relacionamento que comumente se estabelece entre um profissional da saúde e um determinado doente. Sofria e se alegrava com a família em sua totalidade; era mais do que o profissional que cuidava da família, muitas vezes era considerado como membro efetivo desta família. A partir desse relacionamento, tinha então uma *performance* profissional onde se misturavam os cuidados médicos e o envolvimento emocional presente no processo de adoecimento do membro de uma determinada família.

É fato que o "médico de família" praticamente não mais existe no seio de nossa sociedade. Ao menos naqueles padrões descritos pelos antepassados, essa figura passou a existir apenas e tão-somente como referência de outros padrões e modelos médicos. O que se deseja salientar nesse momento é a maneira como esse relacionamento se estabelecia e o modo como o enraizamento dos vínculos afetivos estabelecia um padrão onde os cuidados médicos misturavam-se também aos cuidados com os vínculos familiares.

Chessik[26] ensina que o próprio psicoterapeuta é alguém que traz em sua linhagem resquícios do médico de família, situando em sua *performance* atual muitos traços desse profissional. Define inclusive como sendo a empatia o principal aprendizado do psicoterapeuta contemporâneo dos seus ancestrais, os médicos de família.[27] Segundo o autor, ainda, eram os médicos de família os profissionais mais habilitados a escutarem sobre a dor de determinados pacientes na medida em que seu olhar e sua escuta levavam em conta a totalidade dos vínculos familiares. Chessik descreve que a capacidade de escuta dos médicos da família era um dos quesitos indispensáveis à sua prática profissional na medida em que se praticava uma medicina que, embora corrente, se enquadrava naquilo que hoje é definido como medicina holística, ou seja, aquela prática que leva em conta a totalidade do paciente, e não apenas o surgimento de uma determinada doença isoladamente.[28] Escutava e aprendia a totalidade do sofrimento, suas manifestações organísmicas, suas manifestações peculiares e, principalmente, a repercussão desse sofrimento e suas conseqüências e implicações na totalidade da família.

É possível ainda hoje uma compreensão, ainda que baseada em relatos de pessoas que passaram por essas experiências sobre o estabelecimento de um outro paradigma de atendimento médico, muito diferente daquilo que hoje é presenciado nas lides da saúde.

---

26. Chessik, R. D., "Why Psychoterapists Fail". Nova York: Science House, 1971.
27. *Ibid. op. cit.*
28. *Ibid. op. cit.*

Na atualidade, o profissional da saúde que se envolve com a dor do paciente é praticamente alguém que destoa da totalidade dos atendimentos contemporâneos, onde praticamente fez-se uma redução drástica da pessoa para um simples sintoma. Ao contrário do que ocorria com o "médico da família", onde a totalidade familiar e a própria estrutura pessoal do paciente era considerada em seu todo, hoje assistimos a uma total despersonalização da figura do paciente, que faz parte, na quase totalidade das vezes, dos critérios até mesmo estabelecidos como sendo eficácia profissional.

O envolvimento do profissional da saúde é algo que não existe no aprendizado das atitudes necessárias para o estabelecimento das técnicas de propedêuticas e até mesmo de diagnósticos médicos e psicológicos.

Aprendemos a tocar na dor do doente sem o menor relacionamento com a sua pessoa, sua angústia, medos e desestruturação emocional.

A lágrima de dor só é permitida ao paciente, jamais ao profissional da saúde. O sorriso de alegria diante do seu restabelecimento físico igualmente só é permitido a ele e a seus familiares. Está estabelecido de maneira rígida e formal que o profissional da saúde tem que se manter distante de toda e qualquer emoção que possa surgir no tratamento de determinadas doenças. Não há como esperar-se que o profissional da saúde possa partilhar da dor do paciente, tampouco que ele possa sofrer em sua vida pessoal com as angústias e desespero do paciente. Somos como máquinas tratando de doenças que "eventualmente" ocorrem com as pessoas. Agimos como se não fôssemos pessoas a tratar de outras pessoas. Assumimos uma postura técnica que simplesmente nos transforma em algo inumanos sem a menor emoção com o que quer que seja.

Muitas vezes, temos a petulância e a ousadia de falar em humanização do atendimento, do hospital, do doente e assim por diante. Tudo na verdade não passa de mera e vã digressão filosófica, pois se estamos falando tanto em humanização significa dizer minimamente que desumanizamos nossas práticas ao longo desses anos; contudo, não temos a humildade de assumir que o primeiro movimento de humanização deveria partir de nós mesmos, pois nada mais fazemos, infelizmente, do que desumanizar nossas práticas pelo simples distanciamento que fazemos em nossas práticas da pessoa do paciente. Somos incapazes de nos aproximarmos de colegas que estão sofrendo desatinos emocionais e que muitas vezes estão ao nosso redor com o peito dilacerado pela dor e pelo sofrimento. Ao contrário, algumas vezes somos os maiores algozes daqueles que esperam um gesto de tolerância e compreensão no cotidiano de nossas práticas profissionais. E assim é: falamos em humanização ao mesmo tempo em que nos desumanizamos e, o que é pior, muitas vezes sem consciência de nossas atitudes.

A empatia genuína é um sentimento que necessitaria ser resgatado na prática do profissional da saúde na atualidade. Entretanto, por mais que se faça necessário em nossas buscas de humanização, é algo que não se ensina academicamente, nem se aprende digressões filosóficas. É algo que se sente no âmago da mais pura emoção e que denota a nossa própria condição de envolvimento com a doença e a figura do paciente.

Os céticos dirão que somos sonhadores e que com o avanço tecnológico que assistimos não mais existem lugares para esse tipo de devaneio, ou ainda, de forma mais cáustica, afirmarão que o sofrimento do paciente necessita de uma intervenção criteriosa e não de elucubrações filosóficas, sejam elas humanistas, existenciais ou até mesmo pré-socráticas. Dirão também que o avanço das reflexões sobre as posturas adequadas a serem adotadas pelos profissionais da saúde não mais permitem que esse tipo se faça presente, pois contraria as principais correntes que estudam o comportamento humano. Falamos da emoção e ouvimos argumentos de razão. Falamos de dor e ouvimos digressões acerca dos avanços tecnológicos da medicina. Falamos de empatia e ouvimos elogios aos novos descobrimentos da informática, que, em muitos casos, dispensam a figura do profissional da saúde, prescrevendo receitas, fazendo diagnósticos e até mesmo promovendo algum tipo de aconselhamento ao paciente. Falamos em angústia e ouvimos acerca dos avanços medicamentosos que tratam da depressão, do pânico e de outras tantas manifestações do desespero humano.

A dor e a pessoa do paciente podem interessar em apenas alguns aspectos do desdobramento da doença, mas raramente poderão significar algo em termos tangenciais no próprio significado da condição humana, incluindo-se aí desde conceitos como solidariedade, fraternidade e ternura até outras tantas manifestações que decididamente nos fazem humanos. Pessoas humanas! Por mais redundante que essa junção de palavras possa significar.

A empatia genuína é algo que nos torna capaz de um envolvimento com a dor do paciente na sua condição humana, estabelecendo-se uma relação interpessoal entre dois humanos. A dor circunstancialmente está presente na pessoa do paciente, mas igualmente pode, a qualquer momento, manifestar-se também na figura do profissional da saúde. Por outro lado, a própria configuração de sofrimento e de empatia com a dor do outro não nos torna mais ou menos eficientes em nossa *performance* profissional. Ao contrário, sem dúvida, podemos afirmar que a nossa *performance* profissional será muito mais ampla e profunda, com a nossa condição humana sendo exercida em sua totalidade. O que significa dizer que abarcar a condição humana em sua totalidade é não cercear o expressionismo da emoção presente nos mais diversos contextos das vivências exauridas pela emoção.

É assumir que a lágrima de dor no profissional da saúde pode ser libertária e estabelecer um outro vínculo com a dor do paciente, com o seu sofrimento e com o desespero do momento por ele vivido. É viver a exuberância humana no distanciamento dos vínculos estabelecidos pela informática, da realidade virtual, onde a dor e qualquer outra manifestação humana não tem razão. Ou, ainda, que a nossa condição humana não precisa ser negada em nossa prática profissional, nem ser transformada em algo disforme para que possamos ter uma *performance* profissional pautada pela razão.

Stratton & Hayes[29] colocam que empatia é um sentimento de compreensão e unidade emocional com alguém, de modo que uma emoção sentida por uma pessoa é vivenciada em alguma medida por outra que se empatiza com ela. A empatia é algumas vezes empregada na indicação

---

29. Stratton, P. & Hayes, N., "Dicionário de Psicologia". São Paulo: Editora Pioneira, 1994.

do grau de capacidade de um indivíduo para ser empático com os outros. Ser empático é considerado uma condição importante para os psicoterapeutas.[30] Embora essa definição possa ser compreendida operacionalmente, por certo sua inserção no relacionamento com o paciente é algo que requer, antes de qualquer outro quesito, uma predisposição para o contato humano.

Stratton & Hayes[31] ensinam ainda que cordialidade, empatia e autenticidade são os três atributos terapêuticos propostos como os fatores mais importantes na efetividade da psicoterapia, considerados como mais importantes do que qualquer técnica terapêutica específica.[32] Por mais que se assista a um avanço ímpar das "técnicas psicoterápicas" certamente os atributos sinalizados por Stratton & Hayes como primordiais na psicoterapia são unanimidade em todos os que atuam em psicoterapia. Todos os níveis do relacionamento interpessoal mostram que, muitas vezes, o emprego de determinadas técnicas pode ajudar na compreensão do desenvolvimento do processo em si. Contudo, para um aprofundamento maior da subjetividade irá existir um nível desses aspectos que a própria vivência determinará como sendo importante para o próprio desempenho profissional.

É o resgate da nossa condição humana que está em questionamento quando abordamos essa maneira peculiar de compreensão da doença e do paciente. É o respeito à dignidade humana exigir uma postura profissional que leve em conta a nossa fragilidade humana, nossa dor e desespero. E assim é: humanos somos e como humanos devemos agir.

Scheeffer,[33] de outra parte, coloca que o Rapport é o ponto de partida para qualquer tipo de aconselhamento e ensina ainda que através dele se consegue uma atitude simpática, compreensiva, de interesse sincero e respeito às condições para o desenvolvimento do aconselhamento.[34] Mesmo diante de situações onde a vertente teórica é a chama-

---

30. *Ibid. op. cit.*
31. "Dicionário de Psicologia". *Op. cit.*
32. *Ibid. op. cit.*
33. Scheeffer, R. "Aconselhamento Psicológico". São Paulo: Editora Atlas, 1976.
34. *Ibid. op. cit.*

da não-diretividade, onde não se dá grande importância ao conteúdo fatual e intelectual, enfatizando-se o conteúdo emocional, ainda assim uma empatia genuína fará com que até mesmo o conteúdo intelectual seja considerado imprescindível.

Por outro lado, ao fazermos do paciente um fenômeno único, sem preocupações com as leis gerais das teorias do comportamento, mas enfatizando sua individualidade, peculiaridades, estamos abrindo um enfoque onde a condição humana estará preservada de maneira indissolúvel. O profissional da saúde será assim um catalisador que desencadeará uma modificação de atitude no paciente na medida em que, ao dar significado à sua condição humana, estará propiciando um resignificado da doença e de suas implicações.

Existe um grande número de teorias que exemplificam maneiras de como se adotar algumas técnicas de intervenção junto ao paciente. Porém, sem a empatia genuína não teremos como atingir a essência dos fatos. Como foi dito anteriormente, a condição básica para o estabelecimento da empatia genuína é a nossa própria condição humana em toda abrangência que essa definição possa abarcar.

## Profissionalismo Afetivo

Nessa categoria podemos situar aquela postura onde não ocorre a empatia genuína, mas ainda assim o profissional trata o doente com respeito pela sua dor e sofrimento. Adota uma postura profissional que, embora pareada por certo distanciamento, traz um grande respeito pela dor do paciente. Essa postura pode ser adotada de maneira sistematizada a partir de reflexão de como devem ser os procedimentos a serem adotados para melhor abrangência de atendimento. Dessa maneira, podem ser adotadas técnicas de entrevistas, atitudes de exames terapêuticos e uma série enorme de códigos que poderão servir para que o atendimento, mesmo não tendo a chamada empatia genuína, não perca a sua conotação humana.

O profissionalismo afetivo é um procedimento adotado principalmente quando se quer fazer e desenvolver um trabalho sistematizado sem um envolvimento emocional que escape do controle do profissional da saúde, mas que mesmo assim não faça com que o paciente não se sinta desrespeitado na delicadeza de seu sofrimento.

É uma atitude que pode ser referendada como procedimento idealizado de atendimento, uma vez que o paciente sentir-se-á acolhido em sua dor e o profissional da saúde terá dimensionamento adequado para o seu desejo de não se envolver emocionalmente com a dor do paciente. Essa atitude pode ainda ser o balisador de uma intervenção onde, mesmo que não haja envolvimento do profissional da saúde com a doença e o doente, ainda assim não existe o desdém diante do sofrimento do outro.

Stratton & Hayes[35] colocam que afeto é um termo empregado para significar emoção, mas que abrange uma faixa mais ampla de sentimentos e não apenas as emoções normais. Afeto compreende sensações prazerosas, amabilidade e afabilidade, melancolia e antipatia moderada, etc., como também emoções extremas, tais como: alegria, hilaridade, medo e ódio. Amplamente falando, afeto refere-se a qualquer categoria de sentimento, como distinta de conhecimento ou comportamento.[36]

Dessa maneira, podemos definir o profissionalismo afetivo como sendo uma atitude onde os sentimentos do profissional da saúde, ainda que estando presentes, não interferem na consulta em si. Assim poderá ser enfeixado um conjunto de atitudes que leve em consideração tais procedimentos e que de outra parte não exclua a presença da emoção nessa interação. E podemos ainda afirmar quase que sem margem de erro que essa atitude é a que mais se aproxima das próprias condições de tecnologia atualmente presente na instituição hospitalar, na medida em que pode ser apreendida, refletida e transmitida naquele rol de atitudes necessárias para uma *performance* profissional satisfatória.

Diferentemente do que ocorre na empatia genuína, por exemplo, o profissionalismo afetivo implica apenas na adequação de um conjunto de procedimentos onde, inclusive, ocorrerá um afloramento da sensibilidade emocional do profissional da saúde diante da reflexão dos procedimentos a serem adotados. De outra parte, também estará sendo

---

35. "Dicionário de Psicologia", *op. cit.*
36. *Ibid. op. cit.*

propiciada uma condição para o próprio desenvolvimento desse profissional no tocante à sua própria condição emocional, na medida em que poderá entrar em contato com uma nova maneira de abordar e compreender o paciente e sua doença. Seria então não apenas uma maneira de sensibilizar esse profissional da saúde, mas também uma forma de abranger a compreensão da doença em toda a sua peculiaridade, incluindo-se aí a reflexão sobre as implicações emocionais presentes no seio das patologias. E embora tenhamos como ideal na relação do profissional da saúde com o doente a empatia genuína, sem dúvida o profissionalismo afetivo é uma intermediação bastante interessante na medida em que pode ser transmitida e apreendida de forma sistematizada.

Certamente poderemos ter uma evolução para a empatia genuína, que apesar de não poder ser ensinada, pode perfeitamente ser desenvolvida no próprio desenvolvimento do relacionamento profissional da saúde com o doente e sua doença. Assim, teremos um conjunto de profissionais que saberão respeitar o outro considerando não apenas a sintomatologia específica de cada patologia, mas também, e principalmente, o sofrimento emocional advindo desse quadro de manifestações orgânicas e que podem, inclusive, agravá-la de maneira significativa.

## CONSIDERAÇÕES FINAIS

Levantamos alguns itens de reflexão sobre as atitudes do profissional da saúde presentes em nosso cotidiano. Abrimos uma fenda para que novas colocações e reflexões possam ser acrescidas, e nesse detalhamento irmos de encontro a uma real transformação desse cenário. Talvez até mesmo algumas maneiras específicas de procedimentos clínicos tenham ficado de fora dessa reflexão, ou ainda não tenha sido mais bem detalhada para que se fizesse uma análise com mais precisão.[37] O importante,

---

37. Nesse rol, podemos citar o envolvimento interpessoal presente na totalidade das relações humanas e que no hospital apresente características bastante específicas, ficando num nível intermediário entre a empatia genuína e o distanciamento crítico.

todavia, é que se iniciou uma longa caminhada para que novos ponteamentos sejam pensados e lançados nas discussões sobre a temática. E até mesmo uma possível contribuição de tantos quanto possam acrescer detalhes a essas linhas serão bem recebidas na medida em que poderão enriquecer uma nova edição desse trabalho.

## BIBLIOGRAFIA

ANGERAMI,V. A. *Psicologia hospitalar. A atuação dos psicólogos no contexto hospitalar*. São Paulo: Traço Editora, 1984.
BRESCHEID, E. & WALSTER, E. H. *Atração interpessoal*. São Paulo: Editora Edgard Blücher, 1973.
BUBER, M. *Eu-Tu*. São Paulo: Editora Moraes, 1983.
CHESSIK, R. D. *Why psychoterapists fail*. Nova York: Science House, 1971.
LAING, R. D. *O Eu e os outros*. Petrópolis: Vozes, 1982.
MERLEAU-PONTY, M. *O visível e o invisível*. São Paulo: Perspectiva, 1971.
SCHEEFER, R. *Aconselhamento psicológico*. São Paulo: Atlas, 1976.
STRATTON, P. & HAYES, N. *Dicionário de psicologia*. São Paulo: Pioneira, 1994.

# A CONSTELAÇÃO DE PÉGASO É A PRIMAVERA NO FIRMAMENTO...*

*Eu quero ir ao teu encontro*
*com o desprendimento das flores*
*que se abrem ao Sol,*
*sem saber do vento que pode*
*despetalar o seu formato e a*
*formosura de sua cor...*
*com a alegria da algazarra matinal*
*dos pássaros anunciando o amanhecer...*
*com a graciosidade dos esquilos*
*correndo pelas árvores e trazendo*
*destreza ao próprio olhar...*

*Eu quero te estreitar nos meus braços*
*com o fulgor do Sol*
*rompendo a neblina da manhã*
*e trazendo o azul mais azul*
*e que estava escondido atrás da névoa...*
*com a magia das nebulosas emoldurando*
*as estrelas que cintilam na escuridão da noite...*
*como as gotículas do orvalhar na madrugada*
*e que ainda insistem em brilhar na luz do Sol...*
*como um raio cortando a escuridão*
*e iluminando a noite na tempestade...*

*Eu quero sentir o teu coração*
*batendo junto ao meu...*
*assim como eu ouço um concerto de Mozart:*
*apreciando cada acorde, coloratura, andamento,*
*e nuances melódicas... ouvir o teu ritmo*
*e descobrir o andamento da tua pulsação...*

---

* Este texto foi originalmente publicado em *Urgências psicológicas no hospital*. São. Paulo: Thomson Pioneira, 2002.

*Eu quero ouvir a tua voz rouca
na imensidão da noite e
contemplar a paz do amanhecer...
assim como um passeio à beira-mar
com os pés arrastados na areia
e a vida pulsando Verão...*

*Eu quero beijar os teus lábios
com a mesma doçura que
o beija-flor toca
as flores do hibisco...
com a mesma suavidade de
um pássaro filhote sendo alimentado pela mãe...*

*Eu quero tocar no teu corpo
com a leveza da brisa do mar
na noite de Primavera...
com o encantamento de quem percebe
os segredos que o rio repousa no mar...
com o fascínio de quem descobre,
no céu estrelado do Inverno,
a Constelação de Escorpião...
e a de Pégaso na Primavera.
A Constelação de Pégaso
é a Primavera brilhando no firmamento...
E você é as marcas "du soleil" em meu coração...*

*Eu quero sussurrar no teu ouvido
uma nova canção de amor
que ouvi no vento e que fala
da grande emoção e da alegria
de tê-la como amada adorada,
sonhada e venerada...*

*Eu quero te contar o que senti
e aprendi pensando em você,
sonhando com você... das coisas que imaginei
realizar ao teu lado...
e das coisas que criei para você,
da ilusão, da luz, da Primavera
e de um novo tempo que há
que celebrar o nosso encontro...*

*Eu quero apanhar outras flores do Jasmim,
do Jacarandá-Mimoso e da Sibipiruna para te dar...
Eu quero ver a tua pele dourada
cintilando ao Sol...
misturando luz e vida no coração... fazer da florada
da Primavera uma flor para te acarinhar...
de cada detalhe da Natureza
um toque de vida, paz e amor... um regato
de água pura e cristalina...*

*Eu quero te ouvir junto à lareira
e escutar as tuas estórias
e saber um pouquinho mais de você...
da divindade feminina que existe no teu ser...
eu quero te contar alguns segredos
que aprendi com o fogo e
ver a tua imagem na luz multicor da
madeira que estala na vibração do calor...
e fazer dessa magia o desdobramento
de uma suave melodia de amor...*

*Eu quero executar as peças mais melodiosas
e fazer um recital que consagre a alegria
que exibimos publicamente,
simplesmente por estarmos juntos...*

*eu quero fazer de cada música
uma dádiva de louvor aos anjos
que te colocaram na minha vida...
fazer desse recital uma ode
de agradecimento pela deificação de poder
sonhar com você... e abraçar e beijar
na fragrância de cada frase melódica
a harmonia do teu ser...*

*Eu quero te dar a minha fragilidade
para eu me sentir mais humano...
a minha emoção para eu me sentir
criança. Criança que acredita na pureza
e na ilusão de um grande amor...
Eu quero te abraçar e te proteger
contra as vicissitudes do caminho
e novamente te dizer "You'll never walk alone"...
eu quero fazer com que a tristeza
do teu olhar se transforme
em alegria e prazer...
E ver que o brilho dos teus olhos
será a luz do amanhã...*

Ouro Preto, primavera de 1997

CAPÍTULO 3

# O imaginário e o adoecer. Um esboço de pequenas grandes dúvidas*

Este trabalho é dedicado
à Georgia Sibele Silva

*Eu agia como um boto que salta na superfície
da água só deixando um vestígio provisório
de espuma e que deixa que acreditem, faz
acreditar, efetivamente que lá embaixo, onde
não é percebido ou controlado por ninguém,
segue uma trajetória profunda, coerente e refletida.*

Michel Foucault

## INTRODUÇÃO

A idéia desse trabalho surgiu de uma reflexão sistematizada das implicações do imaginário no processo de hospitalização e da maneira como muitas vezes a hospitalização é agravada muito mais por conceituações apriorísticas do que propriamente por si mesma. Assim, muito

---

* Este texto foi originalmente publicado em *E a psicologia entrou no hospital...* São Paulo: Pioneira Thomson Learning, 2001.

mais do que buscar na patologia que determinou a hospitalização a decorrência do sofrimento vivido pelo paciente estaremos direcionando nossa análise para fatores subjetivos que estão determinando a própria conceituação de enfermidade e, por assim dizer, do nível desse sofrimento.

É um trabalho que busca muito mais lançar sementes para novas formas de reflexão do que propriamente a busca de aspectos conclusivos de seu arcabouço. É uma tentativa de levantar aspectos que possam instrumentalizar ainda mais o psicólogo em trajetória hospitalar e também contribuir para o aprofundamento das buscas que envolvem a compreensão do surgimento de determinadas intercorrências surgidas no seio hospitalar.

## EM BUSCA DE UMA CONFIGURAÇÃO DO REAL

> *Amanheci com desejo.*
> *Há dias estou grávida.*
> *Desejo estar perto de ti.*
> *No entanto estou grávida da tua presença.*
>
> Georgia Sibele Silva

Ao debruçar sobre a temática da configuração do imaginário no processo de hospitalização deparamo-nos inicialmente com a questão que estabelece os limites do imaginário com a realidade. Esta questão, muito mais do que simplesmente estabelecer parâmetros do início e limitação entre o real e o imaginário, configura a necessidade de uma compreensão do próprio sentido dessa busca. *Ferreira*[1] coloca que a crise põe em perigo o equilíbrio habitual ou a harmonia existencial de um

---
1. Ferreira, G. C. S. "Crise – O Silêncio da Psicanálise", in: *Epistemossomática 2*. Belo Horizonte: Publicação do Departamento de Psicologia e Psicanálise do Hospital Mater Dei, 1992.
2. *Ibid. op. cit.*

sujeito, porque traz com ela uma revelação brutal: a precariedade de um *status* anterior[2]. A dimensão do real estaria, assim, sendo balisada pelo confronto de uma determinada situação com realidade anterior vivida pelo paciente. É como se este tivesse no adoecer um confronto intermitente entre o que havia concebido para a sua vida anteriormente e a realidade que lhe é apresentada em termos de concretude existencial. É um confrontamento entre aquilo que experencia em termos de sofrimento e a idealização sobre sua condição de plenitude existencial, onde, na maioria das vezes, não há lugar para o surgimento da possibilidade do adoecer.

A perda de controle do paciente sobre o seu organismo é determinante de como irá se processar a própria conceituação de si mesmo sobre o adoecer. *Ferreira*[3], nesse sentido, coloca que a impossibilidade de se saber tudo, da completude, do controle aparece quando o acaso abre uma brecha onde o real, ou um fragmento dele se faz presente numa colisão com o impossível[4]. O processo de adoecer na quase totalidade dos casos traz em seu bojo uma configuração de total falta de sentido para o próprio significado existencial do paciente. É como se tudo que fosse preconcebido anteriormente desmoronasse e perdesse a configuração com o real pela possibilidade do adoecer e das implicações de sua ocorrência.

*Merleau-Ponty*[5] mostra, de outra parte, que o mundo é o que percebo, mas sua proximidade absoluta, desde que examinada e expressa, transforma-se também inexplicavelmente em distância irremediável[6]. Tal distância é, na verdade, o confronto entre a concepção dos fatos no imaginário e o seu desvelamento com a realidade, onde a proximidade conceitual será mera tangência circunstancial entre os pontos de proximidade. Nesse sentido, *Merleau-Ponty*[7] coloca ainda que o meu corpo, como encenador da minha percepção, já destruiu a ilusão de uma coincidência de minha percepção com as próprias coisas. Entre elas e eu há,

---

3. *Ibid. op. cit.*
4. *Ibid. op. cit.*
5. Merleau-Ponty, M. *O visível e o invisível*. São Paulo: Perspectiva, 1971.
6. *Ibid. op. cit.*
7. *Ibid. op. cit.*

doravante, poderes ocultos, toda essa vegetação de fantasmas possíveis que ele só consegue dominar no ato frágil do olhar[8]. Dessa maneira, os fatos revelam que a minha realidade perceptiva esbarra na própria vivência das coisas. Essa totalidade irá se mostrar de modo ainda mais agudo num processo de hospitalização, onde a realidade do surgimento de uma determinada patologia por si só estabelece novos parâmetros à realidade existencial do paciente.

Moura[9] irá afirmar que o paciente traz, com a sua doença, a sua história. A gravidade do quadro clínico, a incerteza do diagnóstico e a imprevisibilidade da evolução do tratamento de encontro à estrutura psíquica de cada paciente e de seus familiares vão atualizar peculiarmente no hospital a vivência de "extremo desamparo" que é o destino humano[10]. A fragilidade da condição humana diante de um processo de hospitalização resplande diante da própria conceituação que o paciente possa fazer de si mesmo em termos de realidade existencial. É como se a hospitalização trouxesse em seu bojo a condição de levar cada paciente a um processo de revisão da própria vida enfeixando aí além de valores existenciais aqueles outros que implicam em posses materiais. É como se de nada adiantasse uma vivência anterior quando do surgimento de uma determinada patologia e de sua hospitalização decorrente. *Moura*[11] coloca ainda que quando o paciente é internado num hospital, o que se torna emergente e urgente são suas necessidades que precisam ser atendidas — necessidades biológicas, orgânicas. No entanto, as necessidades do homem pelo fato de ele ser falante, sabemos transformá-las em demanda dirigida ao Outro. A demanda não se coloca no mesmo nível da necessidade, já que esta é vital para a sua sobrevivência, visando a um objeto específico e se satisfazendo com ele, e aquele é formulado e dirigido a um outro, sendo sempre demanda de amor[12]. De outra parte, o

---

8. *Ibid. op. cit.*
9. MOURA, M. D. "O Psicanalista no CTI", in: *Epistemossomática 1*. Publicação do Departamento de Psicologia e Psicanálise do Hospital Mater Dei, 1991.
10. *Ibid. op. cit.*
11. *Ibid. op. cit.*
12. *Ibid. op. cit.*

hospital, além da própria configuração que o imaginário possa estabelecer, é por si mesmo um conjunto de contradições que envolvem até mesmo outras inúmeras contradições. Ribeiro[13], refletindo sobre a evolução do hospital e sua inserção no mundo contemporâneo, define o hospital como sendo uma oficina, e o médico seu principal mecânico. Cumpre a ele fazer com que a máquina-homem retorne o mais depressa possível à circulação como mercadoria ambulante. Interessa consertá-la, mas, mais ainda, evitar que se quebre. Ela tem que ter, como qualquer máquina, um tempo útil, durante o qual produza mais e melhor; todavia, há outros homens-máquinas sendo produzidos e que precisam ser consumidos e é bom, por isso, que ela se vá assim aos poucos. Nesse processo contínuo de consertos que o hospital realiza, consomem-se, também, outras coisas que fazem girar e reproduzir o dinheiro: medicamentos, material e equipamentos médico-hospitalares e outras tantas que o fazem uma instituição complexa[14]. Essa descrição de Ribeiro, embora trazendo uma metáfora bastante coisificada, tem a capacidade de mostrar de maneira nua e crua a verdadeira realidade hospitalar, bem como os seus propósitos essenciais que, na maioria das vezes, não são, sequer, esboçados quando seus objetivos são dimensionados.

Por outro lado, se as pessoas tornam-se pacientes passíveis de uma determinada hospitalização e mesmo não tendo essa precisão teórica de Ribeiro, ainda assim têm no hospital uma configuração institucional que exige minimamente um distanciamento tangível não apenas no esboço criado pelo imaginário, mas também pelo confronto das inúmeras ocorrências surgidas e delimitadas na própria realidade. Assim, por exemplo, não há como aliviar um determinado paciente sobre o temor de que possa adquirir alguma infecção hospitalar por ocasião da necessidade de um internamento para a realização de uma simples cirurgia: por mais convincentes que possam ser os argumentos sobre as condições de assepsia de uma determinada instituição e até mesmo de pos-

---
13. Ribeiro, H. P. *O hospital: história e crise*. São Paulo: Cortez, 1993.
14. *Ibid. op. cit.*

síveis medidas preventivas existentes, haverá por outros lados tantos casos que podem ser arrolados para fazer contrapontos que os argumentos por mais convincentes que possam ser se tornam completamente inócuos. E isso sem contar com aqueles casos onde, a partir de uma determinada hospitalização oriunda de diagnósticos realizados anteriormente, constata-se o surgimento de outros problemas, cuja ocorrência deriva diretamente de efeitos colaterais não apenas do tratamento como também até desses diagnósticos.

O paciente é uma pessoa que perde sua condição de agente para se tornar meramente passivo num processo de total cerceamento de suas aspirações existenciais. E como fator agravante de conceituações originadas no imaginário, tem-se ainda o fato que vivemos numa sociedade onde o pragmatismo é condição de balisamento para se conceituar uma pessoa como tendo ou não condições de convívio social. Por mais que se busquem alternativas para tais evidências, o que ocorre nessa seara é o paciente, sua doença e sua família serem enfeixados numa condição de total dependência a tais fatores e com um agravante cada vez mais cruel: o total distanciamento daquilo que o próprio paciente muitas vezes preconiza como ideal para a sua vida. Sofre em situações efetivas o confronto de conceitos erigidos no imaginário com dados transformados pela realidade em algo disforme e sem sentido para a sua vida.

*Merleau-Ponty*[15] afirma que quando me pergunto o que é o algo, ou o mundo, ou a coisa material, não sou ainda o puro expectador que, pelo ato de *ideação*, virei a ser; sou um campo de experiências onde se desenham somente a família das coisas materiais e outras famílias, e o mundo como seu estilo comum; a família das coisas ditas e o mundo da palavra como seu estilo comum, enfim, o estilo abstrato e desencarnado do algo em geral[16]. É dizer que se vive uma dada realidade que se transforma primeiramente em um campo perceptivo para se justapor em nova conceituação diante do real que se apresenta e se modifica em diversos níveis e formas. Esse processo de transformação é ainda deter-

---

15. Merleau-Ponty, M. *O visível e o invisível. Op. cit.*
16. *Ibid. op. cit.*

minante de conceituações que incidem sobre certas ocorrências, transformando-as em espectros assombrosos da condição humana pela configuração determinada em princípio pelos aspectos perceptivos que se originaram no imaginário. Dessa forma, por exemplo, um diagnóstico de câncer traz sobre si aspectos que transcendem a própria patologia, criando sobre sua ocorrência fatores mitificados que acabam se tornando realidade pela configuração que é dada a seus aspectos circunstanciais: o câncer torna-se muito mais terrível pela configuração de sua abrangência tecida amiúde nas construções do imaginário.

*Sartre*[17], por outro lado, diz que a relação com o outro é um fato sem o qual eu não seria eu mesmo e ele não seria o outro; o outro existe de fato e só existe para mim como fato[18]. A doença, mesmo existindo como fato, adquire a condição de fato pela maneira como é apreendida pela consciência; ela adquire formas pela realidade dos sintomas que determinadas patologias apresentam, mas é apenas como fato na percepção que adquirem a condição de espectros que assolam a condição humana; é na consciência que determinados diagnósticos ganham significado de irreversibilidade de sua transformação em aspectos que envolvam até mesmo a cura.

*Merleau-Ponty*[19], por outro lado, ensina que quando penso, as idéias animam a minha palavra interior, obsediam-na como a "pequena frase" possui o violinista, e permanecem além das palavras como a "pequena frase" além das notas, mas porque resplandeçam debaixo de outro sol oculto para nós, não porque as idéias são este afastamento, esta diferenciação nunca acabada, abertura sempre a refazer entre signo e signo, como a carne, dizíamos nós, é a descência do vidente em visível e do visível em vidente[20]. É dizer numa transposição para aspectos que envolvam a ocorrência de determinada patologia que ao se dar conceito a suas manifestações, estar-se-á enfeixando outros aspectos

---

17. Sartre, J. P. *El ser y la nada*. Buenos Aires: Editorial Losada, 1981.
18. *Ibid. op. cit.*
19. *O visível e o invisível. Op. cit.*
20. *Ibid. op. cit.*

que não apenas transcendem essa ocorrência, mas também determina-lhe nova configuração. É o caso de muitas pessoas que possuem soropositividade, não apresentando nenhuma sintomatologia e que, entretanto, após saberem dessa condição em decorrência de algum exame casual e rotineiro, entram num estado de pânico total e não só passam a apresentar sintomas decorrentes da descoberta, como perecem num período curto de tempo, assim como também até mesmo ocorrência de outras doenças que embora não sendo letais trazem o espectro da morte pelo estigma de que são revestidos. Pode-se citar, por exemplo, a hanseníase, que, apesar de todo o avanço da medicina, ainda tem em sua ocorrência toda uma estigmatização que envolve a morte e o ato de morrer. Outras doenças também que noutros períodos da história da humanidade se apresentavam como letais, ainda hoje quando de sua ocorrência sempre trazem sofrimentos provocados pela conceituação criada no imaginário.

Dessa maneira, não se pode esperar que as pessoas não entrem numa total turbulência emocional diante de diagnóstico de tuberculose, sífilis, hepatites, etc. E por mais real e notório que sejam os avanços da medicina e dos recursos medicamentosos, o simples diagnóstico de doenças que sabidamente ceifavam inúmeras vidas noutros períodos da história, o imaginário transforma esse paciente num simples refém do destino abandonado à própria sorte diante de uma "doença letal". Ainda que se argumente sobre os números de cura, restabelecimento e até mesmo da total ausência de seqüelas diante de tratamento bem conduzido, a realidade não tem como enfrentar a criação fantasiosa do imaginário que não apenas despreza os dados reais, como muitas vezes cria situações sequer tangíveis pela razão.

Esse aspecto mostra inclusive a grande dificuldade médica no enfrentamento de determinados tratamentos clínicos e até mesmo cirúrgicos. Trabalha-se com situações levantadas pelo diagnóstico e por um possível prognóstico estabelecido a partir de uma estratégia de tratamento, incluindo-se aí todos os percursos de recuperação do paciente, mas se despreza a conceituação criada e estigmatizada a partir do surgimento da doença. Este será o determinante de que muitas vezes o tratamento apresentará um êxito ou fracasso de acordo com a *performance* criada pelo paciente em seu imaginário e não pelo tratamento em si.

Ainda que se esteja tartamudeando aspectos meramente tangenciais de determinadas ocorrências, ainda assim é pertinente afirmar que o próprio agravamento de determinados processos de hospitalização se processa mais no imaginário do paciente do que meramente no processo hospitalar. As condições emocionais é que determinarão uma parcela bastante significativa no processo de recuperação do paciente, não apenas no seu ímpeto de recuperação do processo de hospitalização em si, mas, principalmente, pela maneira como a doença foi configurada e sedimentada em seu imaginário. Isso tudo em que se pese, como mostra *Ribeiro*[21], as características específicas do hospital que emerge neste século ainda um lugar de internação de pobres, embora todos reconhecidamente doentes e carecendo de cuidados médicos. Pessoas ricas e remediadas passaram a usá-lo somente após a sensível queda da mortalidade por infecção intra-hospitalar à medida que alojamentos diferenciados vieram a ser instalados[22].

Sob esse prisma, a hospitalização por si não deveria provocar nenhuma preocupação no paciente a ser hospitalizado; a desestabilização emocional ocorre mais em situações concebidas aprioristicamente do que pela hospitalização em si; a doença adquire contornos que não são compatíveis com a evolução da instituição hospitalar.

*Ribeiro*[23] esclarece ainda que alguns aspectos mágicos e sacerdotais remanescem nesse hospital. Afinal, lidar com limiares tão críticos, como a vida e a morte, suscita expectativas desconhecidas; ademais, a medicina adquiriu uma eficácia inimaginável. Ela pode agora coibir a dor, o sofrimento e a morte por meio do saber e da experiência de suas equipes de tecnólogos (não mais da ação individual do médico) que se escondem, quase anônimos, atrás de máquinas e máscaras e do hospital. Há uma contabilidade hospitalar precisa e automatizada de tudo, com

---

21. *O hospital: história e crise. Op. cit.*
22. *Ibid, op. cit.*
23. *Ibid, op. cit.*

números de internações, altas, dias de permanência e taxas de morbidade e mortalidade. Planejam-se investimentos e se medem custos[24].

Esse cenário que ilustra de modo particularmente brilhante a realidade do hospital contemporâneo é o *contraponto ideal* para um determinado paciente ter para o seu estado de dor e angústia. Paradoxalmente, na mesma proporção em que cresce o desenvolvimento tecnológico cresce o desprezo pelas manifestações inerentemente humanas e que evocam a fragilidade da própria condição humana. Fala-se em tecnologias administrativas e empresarias, promovem-se simpósios de administração e arquitetura hospitalares, mas, ao mesmo tempo, cerceia-se toda e qualquer expressão dos sentimentos apresentados pelo paciente; não há mais lugar para o existir humano num contexto onde a tecnologia de ponta desempenha um papel prioritário e soberano. O paciente fica desamparado e isolado em sua dor e como agravante, existe ainda a propagação realizada pelos meios de comunicação sobre determinadas doenças. Nos dias de hoje, grande exemplo dessa citação é a *Aids*.

*Cavallari*[25] ensina que estar contaminado pelo HIV não significa estar com a síndrome. O portador do vírus pode permanecer assintomático, sem que haja alterações em seu estado de saúde. A contaminação pelo HIV, porém, é considerada, até o presente momento, irreversível. Embora o diagnóstico HIV positivo não seja condição suficiente para o desenvolvimento da *Aids*, a síndrome tem sido detectada somente em pessoas portadoras do vírus, fato que proporciona a associação direta entre o diagnóstico e a doença[26]. Nessa medida, o diagnóstico HIV equivale a uma sentença de morte independentemente de seu estágio e desenvolvimento.

Recorrendo novamente a *Cavallari*[27], encontrar-se-á afirmação de que o sujeito, ao receber o diagnóstico HIV com resultado positivo, *sente-se*

---

24. *Ibid. op. cit.*
25. Cavallari, C. D. *O impacto do diagnóstico HIV positivo e a subjetividade.* São Paulo, 1995. Dissertação de Mestrado — Programa de Pós-Graduação em Psicologia Clínica — PUC.
26. *Ibid. op. cit.*
27. *Ibid. op. cit.*

*doente*, mesmo *sem estar doente*. Esta é uma peculiariedade deste diagnóstico: a informação sobre a presença do HIV é equivalente a um adoecimento em si[28]. É como se a doença existisse a partir do conhecimento do diagnóstico e não propriamente pelo surgimento de determinados sintomas. Ou ainda, nas palavras de *Sontag* citada por Cavallari[29], onde se acredita que todos os infectados com o vírus mais cedo ou mais tarde contrairão a doença, evidentemente aqueles cujos exames dão resultado positivo passam a ser encarados como aidéticos, só que *ainda* não contraíram a doença. É apenas uma questão de tempo, como qualquer condenação à morte. Menos evidente é que, muitas vezes, essas pessoas são encaradas como se *já estivessem* doentes. Cada vez mais, o resultado positivo do exame HIV (que na verdade verifica a presença não do vírus e sim dos anticorpos produzidos em reação a ele) é entendido como sinal de que a pessoa está doente. Daí em diante, estar contaminado *significa* estar doente[30]. E por mais paradoxal que possa parecer, qualquer ponteamento arrolando questões meramente emocionais diante de doenças virulentas ainda assim é notório que a repercussão em cada paciente depende proeminentemente de conceituações criadas em seu imaginário.

De outra parte, há casos, até mesmo na ocorrência de cirurgias em princípio simples e sem nenhum risco para o paciente, onde a desestruturação emocional traz conseqüências e até implicações orgânicas mais complexas. Nesse particular, *Romano*[31] ensina que numa situação de crise, como é a doença (principalmente se for crônica, incapacitante ou incurável), várias reações depressivas podem eclodir a partir de fatores pessoais, como, por exemplo, sentimentos de culpa, negação, reestruturação de escala de valores. E a internação ou vindas freqüentes ao hospital só tendem a ser mais um fator predisponente para o estabelecimento e fortalecimento de uma configuração depressiva[32]. Mesmo

---

28. *Ibid. op. cit.*
29. *Ibid. op. cit.*
30. *Ibid. op. cit.*
31. ROMANO, B. W., "Síndrome Depressiva e sua Relação com a Cirurgia Cardíaca". in: Romano, B. W. (org.), *A prática da psicologia nos hospitais*. São Paulo: Pioneira, 1994.
32. *Ibid. op. cit.*

que esse aspecto envolvendo condições emocionais presentes no surgimento de uma determinada patologia esteja ganhando um espaço cada vez maior no seio das discussões acadêmicas, a resistência no arcabouço médico é ainda muito grande na aceitação desse enredamento. O avanço propriamente dito dessas reflexões, que implicam num maior alcance inclusive da própria patologia em si, é o sustentáculo de sua abrangência.

Os aspectos que envolvem a história de vida de uma determinada pessoa fazem com que determinados diagnósticos repercutam de maneira específica a partir dessas peculiaridades. *Romano*[33] revela ainda que a reação depressiva pode alterar o curso clínico de uma doença e se tornar um forte empecilho para bons resultados no processo de reabilitação, tornando-o moroso ou difícil[34]. Há sofrimentos e dores que se originam de maneira bastante diferente das sintomatologias inerentes a determinadas patologias. Apesar de existir toda uma classificação que pode categorizar pacientes de determinadas patologias em certos quadros emocionais — depressão, medo, angústia, etc. — ainda assim, se está diante de reações que implicam na maneira como esses pacientes categorizam a doença, inclusive, a partir de informações sobre a ocorrência desses sintomas em outros pacientes que eram portadores dessas mesmas patologias. Assim, um diagnóstico de câncer, por exemplo, traz em seu bojo não apenas dados inerentes à doença em si, como também, e principalmente, a presença de como a doença atingiu outros tantos pacientes em todos os aspectos de sua vida. E por mais que exista um cuidado na transmissão do diagnóstico, o espectro associado à doença e todas as suas implicações estarão presentes de maneira indissolúvel.

*Ruschel*[35] esclarece que a representação que cada pessoa tem de si mesma está vinculada à sua imagem corporal. Como a identidade constrói-se a partir de um corpo íntegro e completo, a situação de uma

---
33. *Ibid. op. cit.*
34. RUSCHEL, P. P., "Quando o Coração Adoece". in: *A prática da psicologia nos hospitais, op. cit.*
35. *Ibid. op. cit.*

doença ameaça o senso de sentir-se íntegro, constituindo-se em algo que põe em risco a existência dessa pessoa. Quando o corpo se modifica significa modificações na identidade pessoal e, conseqüentemente, são situações que geram conflitos emocionais[36]. A representação de uma pessoa é criação do imaginário que elabora uma auto-imagem a partir de como eu me percebo e de como percebo que o outro me percebe. A fusão da minha própria percepção de mim mesmo da maneira como percebo a percepção do outro em relação à construção da auto-imagem é o determinante da conceituação que faço do meu esquema corporal; é o sentimento que nutre a própria conceituação de estima para o significado de algo gratificante ou, ao contrário, deteriorado.

O espectro que o imaginário concebe como inerente a algumas patologias é a própria maneira de configuração até mesmo de sofrimento específico de cada paciente, apresentando, assim, diferentes características diante de uma mesma ocorrência. A *Aids*, na realidade contemporânea, é o exemplo maior dessa configuração. *Silva*[37] escrevendo sobre a *Aids* como sendo a "doença do outro" aponta que a doença não dá margens a idealizações românticas, como a tuberculose de outrora ou mesmo a sífilis[38]. Não há lugar para devaneios que não aqueles que nos remetem a questionamentos sobre as implicações da morte quando do surgimento de determinados diagnósticos por mais distantes que esses questionamentos podem se revestir na ausência desse diagnóstico.

A associação da morte a certas patologias implica ainda numa configuração ainda mais drástica não apenas ao seu surgimento, como também da faticidade que se impõe a determinadas ocorrências. Para *Silva*[39] o temor que nos paralisa diante de tal assunto não é apenas o medo do desconhecido, de algo fora do nosso controle (que já representa muito pavor), mas também, ou principalmente, o fato de nos retornar

---

36. SILVA, G. S. N., *AIDS, no encontro do gozo com a morte: A doença do outro*. Monografia de Especialista em Antropologia pela Universidade Regional do Rio Grande do Norte. Natal, 1994.
37. *Ibid. op. cit.*
38. *Ibid. op. cit.*
39. *Ibid. op. cit.*

à vida, de encararmos sua finitude e brevidade. Falar da morte, abstrata ou específica, de alguém ou da nossa, é falar do que se está fazendo, do que não se fez, de planos, sonhos, perdas, do tempo que se foi, do que ainda resta; é disso que fugimos e tememos enfrentar[40].

Ao se buscar o significado para as coisas e fatos que nos cercam, estamos indo de encontro, muitas vezes, a explicações que se originam e se fundem apenas no imaginário. Essas explicações não têm como se configurar em aspectos reais não apenas por dependerem da fé dogmática para ganharem configuração como, e sobretudo, pelo fato de serem decorrência de uma necessidade humana de tentar reconhecer significado para a existência. Nessa direção buscamos resignificar conceituações que implicam valores sobre a nossa condição de finitude; valores que dimensionam a vida como algo que perece diante de certa patologia; aspectos nem sempre perceptíveis, mas que sempre se fazem presente.

O imaginário determina a própria maneira como algumas patologias, ao se manifestarem, agem até mesmo em níveis organísmicos; buscar os aspectos que incidem sobre as circunstâncias de reação orgânica diante da ação medicamentosa implica até mesmo nas formas de concepção dimensionadas como conceitos apriorísticos das doenças. Nesse sentido, vamos ao encontro de *Silva*[41] que, refletindo sobre os conceitos incidentes sobre a *Aids,* aponta a marca do pecado: é injustamente associada a castigo divino. Ela estigmatiza os sexualmente diferentes como culpados, mas inocenta os hemofílicos, os transfusados, as esposas do bissexual. Divide os doentes em culpados e inocentes e, conseqüentemente, a carga de preconceitos é amenizada para os últimos, tidos como vítimas[42].

Um diagnóstico de câncer, por outro lado, transcende a patologia — suas manifestações, decorrências, efeitos medicamentosos, etc. — para encontrar arcabouço emocional no dimensionamento criado pelo paciente sobre as implicações da doença. O câncer traz em seu bojo inúme-

---

40. *Ibid. op. cit.*
41. *Ibid. op. cit.*
42. *Ibid. op. cit.*

ras implicações e contradições que fazem com que o paciente sinta-se mergulhado nessas condições em busca de um real clareamento dos fatores que incidem sobre a sua ocorrência. Na medida em que os estudos fazem o enfeixamento entre as condições emocionais e o surgimento e/ou agravamento de determinadas patologias e ganham uma propulsão cada vez maior, é ainda mais preeminente a observação da maneira como o paciente concebe e até mesmo explica o seu processo de adoecer.

Adoecer implica numa conceituação onde o primeiro aspecto tangível é a ausência de saúde, ou ainda na falta de condições orgânicas para o enfrentamento de manifestações contrárias ao organismo.

Adoecer implica em uma mudança transformista nos aspectos que envolvem até mesmo a mesmice do cotidiano e, em outras circunstâncias, até mesmo a superfluidade das condições de inerência da própria vida. Significa ainda numa sociedade consumista tornar-se alguém que deixará de produzir e até mesmo de participar das intercorrências sociais. A maneira como o paciente concebe sua inserção social e, por assim dizer, o seu pragmatismo e deliberação frente à sua condição existencial será o marco que mostrará os pontos onde seus conceitos irão interferir e circundar o delineamento de suas condições vitais.

Embora a medicina se mostre cada vez mais interessada na linearidade das patologias com as condições emocionais do paciente, esses aspectos ainda se apresentam muito tênues no tocante à construção empreitada pelo imaginário. Dessa forma, os pontos convergentes de análise e compreensão de como uma patologia incide e provoca reações em um paciente serão primeiramente conceitos de como o paciente se percebe em sua relação com o mundo e com o outro; a maneira como percebe o olhar do outro sobre si mesmo e como reage a essa interação; o modo como olha o seu próprio ser — incidindo-se nesse aspecto a sua consciência corporal — em sua inserção existencial e a configuração da patologia em sua vida; o dimensionamento imprimindo a sua vida a partir do surgimento da doença e o como lidar com a nova realidade e perspectiva existencial.

Um dos aspectos que aponta a especificidade da ocorrência de diferentes sintomas em diferentes pessoas diante de uma mesma patologia é fator que transcende a ótica de compreensão, que abrange desde os aspectos desses sintomas até mesmo os possíveis efeitos colaterais do tratamento medicamentoso.

Cada vez mais é observável a diferença das reações do paciente, que de modo cristalino indicam, através dessas reações, as diferenças pessoais e a sua configuração na especificidade individual de cada um; é o indício de que uma doença nunca é a mesma para diferentes pacientes; uma doença é única em suas manifestações e igualmente provoca reações singulares em cada paciente; os efeitos de um determinado tratamento, igualmente, terá implicações diferentes em cada paciente independentemente das eventuais reações à prescrição medicamentosa utilizada.

Adoecer traz em si resquícios da própria contemporaneidade vivida no âmago de sua ocorrência. Ainda que os avanços da Medicina sejam notórios nas diversas áreas, a ocorrência de determinadas patologias desafiando seus princípios e fundamentos, muito mais do que revelar o surgimento de novos encadeamentos viróticos, denota que certas ocorrências derivam muito mais de manifestações sociais que se originam nas diversidades individuais construídas em bases sedimentadas pelo imaginário. Assim, por exemplo, seria praticamente impossível falar-se em síndrome do pânico a algumas décadas atrás, da mesma forma que certos quadros de histeria descritos pelos primeiros teóricos praticamente inexistem na realidade. A síndrome do pânico, assim como o tédio existencial — para ficarmos apenas em algumas manifestações estudadas pela psiquiatria contemporânea — igualmente não teriam lugar de ocorrência no raiar do século; são patologias que fazem parte do homem contemporâneo e seu expressionismo está muito mais associado a pressões surgidas na realidade social de nossos dias do que em qualquer outra interferência endógena; ela atinge o homem em níveis organísmicos, é fato, mas tem sua origem em determinantes impostos pelo estilo de vida moderno.

A *Aids* é certamente, dentre todas as patologias contemporâneas, não apenas a mais atual, como também aquela que mais desarvoro provoca tanto nos profissionais da saúde como nos pacientes. A construção de sua estruturação cria no imaginário fontes de sofrimento que transcendem não apenas a doença em si como também a própria condição de vida após a descoberta da soropositividade. *Silva*[43] coloca que o tempo que vai do dia que se descobre a soropositividade até a hora de morrer é o resultado de um eterno se auscultar[44].

Adoecer significa estar em contato com a possibilidade da doença; conviver com patologias que até então existiam apenas como meras possibilidades, sem chance efetiva de se tornarem realidade. A *Aids* registra esse espectro de maneira clara e indissolúvel. Tanto ela como o câncer e o conjunto de doenças que a Medicina sucumbe mostram, diante de sua ocorrência, a fragilidade a que a vida humana está exposta, e com o agravante do estigma social. O próprio paciente de *Aids*, ensina *Silva*[45], não aceita a construção social da doença, como a "doença do outro" que é diferente, promíscuo. Essa obstrução lhe fere o seu narcisismo mais do que qualquer dor física; ela é responsável por uma outra epidemia, a do preconceito[46].

Por outro lado, até mesmo o significado da dor confere ao processo de hospitalização e, por assim dizer, do adoecer uma conotação própria. *Szasz*[47] aponta que para o médico a dor é sobretudo um problema de doença ou ferimento, que aciona os impulsos nervosos; para o paciente é um problema de desconforto e sofrimento, que provém de uma disfunção do seu corpo e para o teólogo é principalmente um problema de culpa e castigo. Cada uma dessas pessoas, na verdade, volta-se para um objeto diferente: o médico para o corpo do paciente como engrenagem biológica, o paciente para o seu próprio corpo como um bem pessoal e o teólogo para as experiências do indivíduo como agente moral em relação a Deus[48].

*Sartre*[49] por outra parte afirma que as relações social e material (entre médico e paciente) são confirmadas na prática com um elo ain-

---

43. *Ibid. op. cit.*
44. *Ibid. op. cit.*
45. *Ibid. op. cit.*
46. SZASS, T. S., *Dor e prazer*. Rio de Janeiro: Zahar Editores, 1976.
47. *Ibid. op. cit.*
48. SARTRE, J. P., *Sket for a theory of the emotions*. Londres: Methuem, 1962.
49. *Ibid. op. cit.*

da mais íntimo que o ato sexual, mas tal intimidade só se realiza através de atividades e técnicas precisas e originais evolvendo a ambos. Médico e paciente formam um casal unido por um empreendimento comum[50]. Assim, não existe dor de origem emocional para o paciente. Existe sempre a atribuição de suas dores a alguma doença ou disfunção física sem nenhum eixo que não a sua emoção diante dessa percepção.

*Szasz*[51] coloca também que se considera a função social primordial do médico o alívio da dor. Via de regra, o médico procura, em primeiro lugar, diagnosticar a doença do paciente, em parte baseado na dor, em parte em outros sintomas e sinais, e, em segundo, controlar a dor tratando da doença que a causa[52]. É estabelecido um contrato particular de relacionamento onde as partes envolvidas possuem painéis estanques de *performance*. Se um paciente com insuficiência do miocárdio queixa-se de dor no braço esquerdo, o médico não amputa a extremidade dolorosa; procura, em vez disso, promover a circulação coronária; pode também ministrar drogas para diminuir a atenção do paciente à dor. As dificuldades do médico em aliviar a dor não interessa aqui; o que interessa são as situações em que a dor não indica uma doença física latente e onde o tratamento não a atenua ou alivia[53].

De outra parte, ao atribuir conotação de emocional ao sofrimento experimentado pelo paciente estamos, ainda que subliminarmente, negando a extensão de seu sofrimento em termos reais. Atribui-se uma causalidade emocional como se a partir dessa concepção a própria dor fosse livre-arbítrio do paciente tanto no sentido de sua instalação como também em seu processo de recuperação. No entanto, o paciente que sofre padece em níveis orgânicos manifestações de desconforto que o simples processo de conscientização de sua origem não tem o poder de promover alívio. Ainda que tais estruturações se enfeixem no imaginário do paciente, numa articulação estrutural de sofrimento e dor, o real

---

50. *Dor e prazer, op. cit.*
51. *Ibid. op. cit.*
52. *Ibid. op. cit.*
53. *O visível e o invisível, op. cit.*

tangível não apenas no campo perceptivo, como também em níveis organísmicos são manifestações detectáveis, inclusive, aos instrumentais hospitalares.

Negar a dor do outro é negar a sua própria realidade.

E de maneira constrita, como se pode negar algo que é verdadeiro apenas para quem está sentindo?! E como, de outra parte, se podem afirmar asserções que são meramente estruturadas em hipóteses academicamente teorizadas?! São indagações que não só nos deixam perplexos, como também mostram o cuidado necessário para as especulações teóricas e empreendidas na tentativa de compreensão daquilo que se deliberou arbitrariamente "somatização" do paciente.

Falou-se em somatização sem se dar conta de que muitas vezes nessa globalização deixou-se de perceber uma somatória muito grande de outras intercorrências. Como mera citação, pode-se afirmar do excesso dessa explicação sobre "somatização" quando um paciente apresenta manifestações dérmicas. Existe uma corrente muito grande de teóricos que partindo de pressupostos calcados numa fé meramente dogmática, se apressa em afirmar que tais manifestações endérmicas são processos através dos quais o paciente "coloca para fora" os seus distúrbios emocionais interiores. Nega-se desde a presença de eventuais bactérias no organismo até outros balizamentos mais complexos de estruturação de determinadas ocorrências endêmica e, o que é pior, muitas vezes se atribui à própria desestruturação emocional a eficácia da ação de eventuais bactérias no organismo. Se é verdadeira a crítica realizada sobre diagnósticos orgânicos que excluem a condição emocional no agravamento das doenças, também o é que não se pode simplesmente atribuir tudo à condição emocional do paciente com o risco de se passar de um extremo para outro e incorrer analogamente em erro semelhante. O excesso de afirmações sem a menor preocupação com a extensão de seu alcance pode estar criando novos simulacros na tentativa de compreensão a partir de manifestações emocionais do paciente.

É fato a necessidade humana de tentar compreender os alicerces onde se estruturam sua vida. Desde os primórdios, o homem empreitou compreender as manifestações da Natureza atribuindo-lhes origem divina, criando diversas entidades deificadas que a partir de sua interação deram contorno ao Universo e ao próprio homem. Com a evolução principalmente das ciências, essas crenças místicas foram dando lugar a outras formas de explicação das intercorrências que, de alguma forma, regulam a existência humana. Ocorre, no entanto, que foram abandonadas apenas algumas formas de explicação mística, substituindo-se por outras explicações que, embora não recorram a figuras divinas, dependem igualmente de uma grande dose de fé dogmática para se tornarem críveis. Assim, como mera citação, tornou-se a coisa mais natural em nosso meio acadêmico ouvir afirmações dos estudos de psicossomática sobre todo o tipo de ocorrência e manifestações orgânicas atribuindo-lhes uma "causa" de origem emocional.

Presenciei recentemente, durante participação numa mesa-redonda, num seminário de psicologia hospitalar, um conceituado estudioso de psicossomática que explicava o simbolismo de diarréia na purificação do processo de culpa dos indivíduos. Era então colocado que a manifestação inicial — líquida e praticamente sem forma fecal — era uma tentativa de o indivíduo buscar a purificação existente no elemento água; e à medida que esse processo de eliminação de culpa fosse ganhando consistência então seu processo de depuração iria dando forma de fezes. De onde havia partido para observar e fazer tais afirmações tampouco era necessário, pois estas são simplesmente dogmáticas e negam todo o processo diarréico em si. A diarréia, como um processo orgânico de eliminação de elementos que fazem mal ao organismo e que ao se putrefarem são eliminados de forma abrupta e intermitente, não era considerada em sua essência. Apenas o processo de purificação emocional era enfatizado como se a verdade dos fatos fosse apenas essa definição. E como o próprio indivíduo pode recorrer à diarréia para se purificar de alguma eventual culpa também não é arrolado no seio dessas afirmações. Como foi dito anteriormente, parte-se de um extremo onde a condição emocional era totalmente engada na elaboração do diagnóstico e vamos para a outra extremidade onde a condição emocional — ao menos na afirmação desses acadêmicos — supera até mesmo a realidade dos fatos.

Insisto que não estou tentando negar a evidência dos aspectos emocionais na ocorrência de determinadas patologias, apenas coloco sobre a necessidade de se buscar em avaliações criteriosas e que não impliquem necessariamente em fé dogmática para se tornarem críveis. Para *Merleau-Ponty*[54] antes da ciência do corpo — que implica relação com outrem — a experiência de minha carne como ganga de minha percepção ensinou-me que a percepção não nasce em qualquer lugar, mas emerge no recesso de um corpo. Os outros homens que vêem "como nós", que vemos vendo e que nos vêem vendo, apenas nos oferecem uma amplificação do mesmo paradoxo[55]. É, por assim dizer, a necessidade do estabelecimento de um relacionamento onde as coisas sejam fatos perceptíveis na realidade que possa ser alcançada em diversos níveis da consciência. Se talvez não tenha para mim sentido algum dizer que minha percepção e a coisa visada por ela estão "em minha cabeça" (a única certeza é que não estão em *outra parte*), não posso deixar de colocar o outro e a percepção que tem *atrás de seu corpo*[56]. Isso tudo então ao ser considerado o fato de que vivemos a era da informática em todas as suas manifestações mais extravagantes, tem-se uma configuração de que não apenas tangenciamos a todo momento as extremidades de uma realidade — frágil e tênue — que nos mostra, de maneira bastante precisa, a necessidade de redefinições constantes da própria experiência humana no tocante aos aspectos do processo de adoecer.

Por outro lado, a doença, em sua forma degenerativa, traz uma controvérsia cada vez maior quanto aos aspectos emocionais de sua evolução. E se é real a influência desses aspectos na evolução do quadro de determinadas patologias, é imprescindível um cuidado para que essas definições não possam conspurcar a própria compreensão dos fatos.

É cada vez maior o número de teóricos que afirmam a origem emocional do câncer sem a menor preocupação até mesmo com os próprios fatos da "causa psíquica" do próprio câncer e de outras doenças degenerativas. Não se trata, insistimos nesse aspecto, de negar os avanços

---

54. *Ibid. op. cit.*
55. *Ibid. op. cit.*
56. *O visível e o invisível, op. cit.*

dos determinantes emocionais no surgimento e na evolução das doenças, o que se busca apenas é uma compreensão onde não exista a necessidade de negação de determinados aspectos da doença para serem determinados novos enredamentos dos fatos. O câncer especificamente nos últimos tempos tem abarcado sobre si uma preocupação bastante grande dos teóricos de psicologia sobre sua ocorrência, incidência e desdobramentos. E se por um lado é importante a maneira como essa nova dimensão de compreender permite que o paciente seja abordado de forma mais humana, por outro existe também o aumento de afirmações que negam completamente os avanços e descobertas da oncologia. E ao negarem esses avanços não apenas nos distanciamos da verdadeira compreensão dos fatos, como também trazemos sobre nossa abordagem a perspectiva de críticas cada vez mais cáusticas dos protagonistas dessas descobertas. E se for verdade que a perspectiva da psicologia no hospital ganhou dimensionamento porque uma nova compreensão dos fatores emocionais incidiam sobre o processo de determinados processos de adoecimento, certos psicologismos podem tornar nossas conquistas inócuas diante da total falta de embasamento lógico de suas afirmações.

A título de exemplo, cita-se a colocação de um médico oncologista que, participando de uma mesa-redonda onde se discutiam os aspectos emocionais do câncer, perguntou ao expositor que havia feito uma digressão teórica sobre a origem psíquica do câncer, como seria a proposta de cura e como esse psiquismo seria capaz de provocar tamanho estrago orgânico no paciente. O expositor, então, explicou que a psique, ainda que pudesse provocar o câncer, necessariamente não seria capaz de prover a cura na maioria das vezes; e embora a cura psíquica, ainda segundo esse expositor, dependesse de um processo psicoterápico bastante aprumado e eficaz, ainda assim não se teria garantido a tão almejada cura. O oncologista argumentou como seria possível embasar tais afirmações se o surgimento era desconhecido até mesmo em seus aspectos mais formais e aparentes. Argumentos simples e que fizeram com que o expositor caminhasse em círculos afirmando apenas que o surgimento do câncer em níveis psíquicos era uma realidade, e que só não era perceptível em formas reais, levando a discussão para um aspecto meramente dogmático, onde a veracidade de suas afirmações, necessitava de uma fé inquebrantável para ser até mesmo compreendida. E se fosse uma simples questão de fé dogmática, as nossas afirmações, o nosso espaço no hospital e até mesmo em outros contextos certamente seriam divididos com teólogos, o que, por certo, ainda não ocorre.

Aspectos reflexionantes de determinadas teorizações têm de se interromper sobre os aspectos que a precedem antes de toda reflexão. *Merleau-Ponty*[57] irá mostrar se a coisa é isso; para nós, que vivemos entre as coisas, cabe perguntar se verdadeiramente a coisa está implicada, a título originário, no nosso contato com o que quer que seja, se é verdadeiramente através dela que se pode compreender o resto, se a nossa experiência é, por princípio, experiência da coisa[58].

Assim, determinadas afirmações precisam mostrar enfeixamento em sua própria dimensão para que possa ser alcançada pela percepção do outro. Uma afirmação não pode prescindir de polemização para poder ser considerada verdadeira ou até mesmo pertinente. Polemizar, discutir e até mesmo configurar-se como determinante de inúmeros contrapontos são as premissas básicas para que uma afirmação possa encontrar ressonância em sua vibração. Sua aceitação é detalhe meramente formal. A necessidade maior de escoramento é a sua compreensão em todos os aspectos de seu espreitamento. Não se defende aqui a unanimidade teórica, tampouco a negação do instrumental de trabalho de psicólogos — o enveredar-se pelos caminhos misteriosos da alma humana —, mas sim uma reflexão que possa direcionar nossa *performance* para aspectos cuja abrangência, aceita ou rejeitada, seja realizada em bases que apresentem sincronicidade com aspectos teóricos pulsionais da existência humana e não apenas com incursões teóricas e que muitas vezes são refletidas e erigidas longe dos próprios fatos.

Uma doença é algo que transcende meramente o arcabouço orgânico, possuindo aspectos que dimensionam conceituação que não

---

57. *Ibid. op. cit.*
58. *O hospital: história e crise, op. cit.*

podem ser aprisionadas num determinado prisma isolado de outras variáveis. Até mesmo aspectos que transcendem o paciente em si não podem ser desprezados na tentativa de compreensão da doença em si. Aspectos, por exemplo, que envolvem dados de saúde pública, dados sanitaristas, etc. englobam também os determinantes de ocorrência em termos de incidência de um sem-número de patologias que muitas vezes são consideradas simplesmente ocorrência isolada. Aspectos profiláticos não podem prescindir destes com o risco de se perderem tanto em termos de essência como em termos de abrangência real.

*Ribeiro*[59] aponta que as novas drogas perseguem o agente infeccioso no corpo doente, tentando inibir sua reprodução (bacteiostase) ou destruí-lo (ação bactericida). Não mais é, unicamente, uma tecnologia do corpo social: é sobretudo do corpo individual adoecido[60]. Para melhor enfatizar o dimensionamento social na compreensão do orgânico, Ribeiro mostra que essa migração para o interior do corpo e sobre os agentes nocivos dentro dele equivocadamente sugere a superação ou esgotamento dos modelos anteriores de intervenção tecnológica de conteúdo sanitário, profilático, obrigatoriamente coletivos, socialmente distribuídos; reflete, no entanto, uma outra lógica determinada por uma nova etapa do desenvolvimento capitalista[61].

A doença passa por um crivo de abrangência em sua estruturação onde a necessidade de compreensão dos determinantes de sua ocorrência é encontrada na vasta teia de conhecimentos apresentados pela Medicina. E isso agravado por um contexto onde a doença apresenta em seu bojo as circunstâncias das contradições sociais em que se acha envolvida. *Ribeiro*[62] esclarece que a construção, instalação e uso de serviços médicos e hospitalares não são, como se vê, determinados, exclusivamente, por necessidades das populações, mas também por interesses econômicos concretos e, não raro, de corporações e grupos po-

---

59. *Ibid. op. cit.*
60. *Ibid. op. cit.*
61. *Ibid. op. cit.*
62. *Ibid. op. cit.*

líticos que podem coincidir, no todo ou em parte, com aquelas. Enquanto atividade econômica, os produtores de medicamentos, equipamentos de material e de serviços médico-hospitalares se comporiam como qualquer outro agente econômico, visando a lucratividade de suas empresas e a multiplicação do seu capital[63].

E num nível de continuidade dessas asserções pode-se afirmar, sem medo de erro, que a própria conceituação das doenças muitas vezes esbarra nos interesses econômicos que, de alguma maneira, se interessam por determinadas conceituações. Assim, quando encontrados laboratórios financiando pesquisas para avaliar o efeito de determinados medicamentos em grupos específicos de pacientes, certamente tem-se que ter como evidentes que os resultados tanto da avaliação do efeito medicamentoso como da própria conceituação da doença serão consoantes com os interesses financeiros que permeiam essa pesquisa. Assim, ao serem englobados na conceituação de uma determinada patologia, os aspectos emocionais que podem estar presentes em sua ocorrência, é necessário, antes de qualquer pronunciamento, um conhecimento das condições e interesses presentes nessa conceituação.

Como citação dessas colocações há uma declaração de Dina Sffat, atriz que padeceu e morreu de câncer, que meses antes de sua morte numa entrevista afirmou que os fabricantes de determinadas substâncias e medicamentos comprovadamente cancerígenos devem adorar quando ouvem alguma afirmação de que o câncer é uma doença de origem emocional. E ainda que se evoquem as conquistas da psicossomática, sempre é necessário um aprofundamento de nossas afirmações para que não sejamos meros teóricos incautos escudados em simples e vãs digressões teóricas. O agravamento maior desse conflito ocorre talvez muito mais pela simplicidade e inconseqüência quando afirmamos determinados conceitos do que propriamente pela sua abrangência — despreza-se o conhecimento de outras áreas por desconhecimento e numa total afronta quando os fatos embrenhamos num raio de ação onde o saber de outras áreas já construiu articulações eficazes e até mesmo mais abrangentes.

---

63. *O visível e o invisível*, op. cit.

Esboçar as dúvidas inerentes aos questionamentos sobre o surgimento e a instalação de determinadas patologias é, inicialmente, arvorar-se numa forma de conhecimento onde o saber dos aspectos emocionais direciona a intercorrência dos fatores orgânicos. É, por assim dizer, uma forma de se apresentar diante da dúvida, que, ao ser questionada, evidencia incertezas ainda maiores que as dúvidas iniciais, com o agravante de que a manifestação corpórea da sintomatologia da patologia ocorre em níveis reais, apresentando sinais evidenciados de concretude. É teorizar sobre a incidência emocional do câncer diante de um corpo totalmente quedado em ferida e dor diante de sua ocorrência; é buscar acoplamento teórico em possíveis manifestações psíquicas e se defrontar com o torpor medicamentoso provocado pela quimioterapia; é hipotetizar sobre desarvoros emocionais e se deparar com os efeitos aniquiladores de toda dignidade existencial provocado pela quimioterapia — queda de cabelo, vômitos, escaras, etc.; é afirmar do relacionamento existente entre a depressão e o surgimento do câncer e enfrentar o olhar da mastectomizada diante do órgão mutilado; é buscar congruência entre as teorizações do psiquismo humano e encontrar o olhar do doente acuado e assustado diante da morte; é buscar compreensão no irreal do imaginário e desaguar na angústia humana diante da mutilação e da perspectiva do morrer espraiado em dor; é acreditar na abstração arbitrariamente imaginada denominada de psique e tocar apenas as feridas purulentas provocadas pelo câncer; é ter esperança no equilíbrio energético do organismo humano e verificar a desordem estrutural apresentada pela doença e, acima de qualquer outro ponteamento, é perceber o ponteamento da existência num confronto visceral com as perspectivas do morrer; é perceber que as buscas direcionam para outras perspectivas que não aquelas buscadas no frenesi teórico que compreende num terreno onde o imaginário campeia apesar de sua disformidade com os fatos e a realidade.

Busca-se a compreensão dos fatos sem, contudo, ter-se claro em nossa percepção o que de fato se busca; intenta-se uma nova maneira de abordagem ao mesmo tempo em que se esbarra em dificuldades muito além do que é concebido teoricamente; arquejamos novos pilares teóricos, mas embasamos nossas crenças naquilo que apenas tocamos tangencialmente em nosso campo perceptivo; tocamos a realidade com a nossa percepção ao mesmo tempo em que nos percebemos como sendo a própria patologia observada e estudada.

Talvez fosse necessário viver a paixão de que fala Kierkegaard para viver a empreitada que afirmamos em nossos escritos sobre a realidade hospitalar; ou então viver a condição humana descrita por Dostoiévski para apreendermos a verdadeira essência do sofrimento existente nos corredores hospitalares; ou, ainda, possuir os atrativos e encantos falados por Balzac para descrever a mulher de trinta anos, para então possuir os atributos necessários para absorver a dor presente nos leitos de enfermarias; ou a doçura mostrada por Tolstói em alguns de seus personagens para entender a crueza da condição humana diante da morte; ou a perspicácia narrada por George Sand em seus livros para alcançar o enfeixamento dos relacionamentos da instituição hospitalar; ou o desprendimento sugerido por Cristo aos seus discípulos para que abandonassem tudo e simplesmente o seguissem, para que, desrevestidos de conceitos apriorísticos, se pudesse esboçar uma nova compreensão do hospital e de suas nuanças ou, então a tenacidade de que fala Nietzche para se buscar a verdadeira transformação do hospital numa instituição humana; ou a riqueza poética de Rilker para se alcançar a própria beleza do apoio psicológico ao desesperado; ou a religiosidade das obras do Aleijadinho, para se enxergar a mística da morte nos olhos do paciente hospitalizado; a irreverência dos textos de Foucault, para se perceber as contradições entre o vivido e o teorizado; o ateísmo da obra de Sartre, para se ter o ceticismo necessário para o discernimento da verdadeira essência dos fatos.

E se de fato se busca a humanização do hospital, é preciso humanizar nossa própria teorização para não agredir ainda mais o paciente, vitimado já o suficiente por um sem-número de especulações. E o que é pior: muitas vezes, existe uma agressão ainda muito mais intensa com as nossas teorizações na medida em que se despreza a própria realidade dos fatos.

Teorizar é hipotetizar sobre determinados fatos. E ainda que eles fiquem num plano secundário à própria teorização nos aspectos envolvendo a compreensão a partir do imaginário de quadros onde o comprometimento orgânico evidencia muito além do que é apreendido pela percepção, é mister a construção de paradigmas que possam nortear os esboços apresentados. É fundamental mostrar onde se evidenciam as especulações realizadas sobre determinadas patologias e sua inserção na vida do paciente. Um trabalho onde o dimensionamento das teorizações encontre ancoradouro não apenas na simples especulação, mas também, e principalmente, no enredamento dos fatos.

A teoria necessitaria ter a fé do paciente terminal que clama por Deus na hora de sua morte para ser minimamente abrangente e com aspectos de profundidade emocional. Tangenciar a verdade assim como o amante toca a Lua em sua noite de devaneio amoroso. Viver a esperança dos sonhos que trilham o alvorecer de uma nova condição para a humanidade. Experienciar a crueza da dor humana em seus aspectos mais sombrios e emergir com um facho de luz das trevas da incompreensão.

De outra parte, ao se conceber a psicologia como fazendo parte das disciplinas presentes na realidade hospitalar estamos configurando sua capacidade de atuação e estruturação dentro desta realidade. Assim, o instrumental a ser utilizado em sua prática — independentemente da corrente teórica — não pode prescindir de como se analisar as intercorrências promovidas pelo paciente em seu imaginário. Imaginário que ao mesmo tempo que decifra nuanças da existência também estará dando condições para uma compreensão dos determinantes da própria hospitalização.

*Merleau-Ponty*[64] mostra que o ser carnal, como ser das profundidades, em várias camadas ou de várias faces, ser de latência e apresentação de certa ausência, é um protótipo do Ser, de que nosso corpo, o sensível sentimento, é uma variante extraordinária, cujo paradoxo constitutivo, porém, já está em todo visível[65]. E tentando aprofundar

---

64. *Ibid. op. cit.*
65. *Ibid. op. cit.*

ainda mais seu posicionamento, esclarece que o visível é uma qualidade prenhe de uma textura, a superfície de uma profundidade, corte de um ser maciço, grão ou corpúsculo levado por uma onda do Ser[66]. Essa distinção, por assim dizer, das diversas camadas do Ser é a circunstância que norteia a atividade de desvelamento do imaginário. Não significa, entretanto, teorizar sobre fatos sem o mero estabelecimento direcional do próprio fato com os aspectos que envolvem a teoria.

Voltemos ao caso do câncer para melhor estribar essas afirmações. A tentativa de mostrar os aspectos emocionais que provocam o surgimento da doença não pode ficar restrita apenas ao enfeixamento de teorizações anteriores, onde se direcionam — sempre teoricamente — as implicações da chamada vida psíquica sobre o todo orgânico. E ainda que tais fatos teóricos não evidenciem nada mais do que apenas hipóteses sobre a tentativa de compreensão da doença, uma justaposição desses elementos é imprescindível até mesmo para que a teoria possa ser refutada ou aceita longe dos parâmetros meramente dogmáticos. Não se trata de negar nossos instrumentais e possibilidades, ao contrário, apenas balizá-los de maneira mais efetiva.

*Moura*[67] e colaboradores apontam que sempre fez parte dos nossos objetivos que a psicanálise (e aí podem-se incluir todas as correntes da Psicologia), enquanto articulação necessidade/demanda/desejo do sujeito, não se limitasse ao consultório do psicanalista e às suas instituições[68]. E num aprofundamento ainda maior de suas colocações afirma que se espera da psicanálise, também no espaço hospitalar, a força para que o sujeito possa assumir a sua existência humana, isto é, suas alegrias, tristezas, conquistas e perdas[69].

E a conquista do espaço hospitalar desenha-se como uma das muitas maneiras que a Psicologia dispõe para fazer prevalecer seus preceitos de ajuda e compreensão humana; uma maneira própria de dizer

---

66. Moura, M. D.; Mohallem, L. N. e Faria, S. M. "O Psicanalista no CTI", in: *A prática de psicologia nos hospitais, op. cit.*
67. *Ibid. op. cit.*
68. *Ibid. op. cit.*
69. Foucault, M., *Microfisíca do Poder*. Rio de Janeiro: Editora Graal, 1979.

coisas que possam amainar a dor daquele que sofre e padece no leito hospitalar; um jeito novo de mostrar o valor da escuta no desmoronamento dos sonhos e ilusões do paciente desiludido; uma sistematização de conceitos que abarcam uma compreensão da existência em toda a sua multiplicidade; uma visão de mundo onde a humanização dos relacionamentos é mostrada não apenas como possível, mas também como efetivação do real.

Adentramos no hospital numa época onde tudo está sendo revisto e os valores que tradicionalmente balizavam a maioria dos relacionamentos estão sendo questionados e muitas vezes até abandonados. Momento em que se assiste toda uma escala de atributos filosóficos, éticos e até mesmo religiosos ser desmontada e não substituída. Instante em que a subjetividade surge como instrumento num contraponto com a mais avançada tecnologia da informática.

Nesse hiato de tempo e espaço, propõe-se a psicologia em sua forma hospitalar para humanizar a dor dos que sofrem — o paciente, o médico na sua dificuldade de relacionamento médico-paciente, a enfermagem, enfim a totalidade da equipe de saúde. E há hospitais que num furor de modernidade muitas vezes possuem até mesmo computadores programados com as principais doenças catalogadas e categorizadas pela Organização Mundial de Saúde e que, num arrojo de inovação, transformam a consulta médica numa simples consulta aos programas do computador. Assim, basta adequar-se aos sistemas com as categorizações apresentadas que num hiato de segundos o computador estará oferecendo uma receita adequada para a patologia consultada. Da mesma forma que os grandes bancos, cada vez mais fruto de sua modernização em termos de informática, estão prescindindo da figura do bancário, tem-se um pequeno esboço que o computador também poderá reduzir uma consulta médica a uma mera atividade de acesso aos seus terminais. E se for levada em conta que a Psicologia em seu processo de escuta traz resquícios da abrangência da consulta do antigo médico da família, onde a doença era diagnosticada muitas vezes através de exames realizados na própria residência do paciente, a questão fica ainda muito mais crucial.

Se tais afirmações podem causar algum assombro e provocar reações imediatas que evoquem razões mostrando o médico e a equipe de saúde como imprescindíveis nas questões que envolvem a consulta médica, basta simplesmente lembrar que quando surgiram os primeiros programas de computador, onde era permitido uma série de intercorrências e interconsultar, muitos autores de informática se apressaram em afirmar que apesar de todos esses avanços o computador não poderia efetivar atividades que dependessem de criatividade e a citação de consenso era a prática do jogo de xadrez. É desnecessário dizer que essas afirmações tornaram-se algo pré-históricas diante dos inúmeros jogos que os modernos programas de computador apresentam, inclusive xadrez. Nesse contexto, surge a psicologia falando da humanização, da necessidade de se escutar a dor do paciente, de abranger a totalidade aos relacionamentos pessoais e familiares do paciente, para uma compreensão mais abrangente da patologia que o acomete.

A Psicologia a despeito das categorizações e classificações vigentes vem demonstrar que a angústia de um paciente é diferente da de um outro e que, embora até possam apresentar reações orgânicas semelhantes, ainda assim o sofrimento de uma pessoa não tem como ser dimensionado com o de uma outra. A minha depressão jamais será vivida pelo outro; jamais terei como apresentar o nível de sofrimento que a minha depressão me provoca. Ainda que em níveis organísmicos apresente reações semelhantes ao outro, podendo, portanto, tomar o mesmo antidepressivo para alívio dessas reações, a minha depressão será diferente de tudo que foi vivido anteriormente até por mim mesmo. Ao fazer tais constatações, a Psicologia está mostrando a necessidade do olhar humano sobre o paciente e do toque humano na realidade hospitalar; a eficácia da escuta diante do desespero provocado pela dor e pelo sofrimento; a escuta num contraponto ao consumo de ansiolíticos e antidepressivos; a ousadia da palavra diante dos programas de informática; a crença na condição humana contra a precisão dos diagnósticos computadorizados.

A Psicologia utiliza-se do imaginário e avança em direção a novos rumos nesse momento onde a precisão da informática abarca tudo na chamada realidade virtual. O imaginário passa a ser não apenas uma das mais importantes escoras da condição humana, como também o ponteamento para que se possa continuar a crer em nossas possibilidades de transformação a despeito dessa realidade que vivemos e insistimos no enfrentamento.

Adoecer e morrer num contraponto e adoecer e viver novamente em plenitude; espreitar a dor numa maneira de tecer os fios que tornaram uma existência esgarçada e reconstruí-la apesar do esgarçamento; viver a humanização de algo onde não existe espaço para tal questionamento — a empresa hospitalar e a doença como objeto de mercantilização; viver buscando no imaginário as condições para que os sonhos possam se tornar realidade a despeito das dificuldades enfrentadas, buscar o segredo d'alma com a mesma impetuosidade que o rio corre para o mar vencendo tormentas, estreitamento de margens e entregando segredos para a serra do caminho. Olhar a condição humana e desvelar as possibilidades de desdobramentos da existência apesar da morte que ronda o leito hospitalar.

*Foucault*[70] de outra parte mostra que assistimos há dez ou quinze anos a uma imensa e proliferante criticabilidade das coisas, das instituições, das práticas, dos discursos; uma espécie de friabilidade geral dos solos, mesmo dos mais familiares, dos mais sólidos, dos mais próximos de nós, de nosso corpo, de nossos gestos cotidianos. Mas junto com esta friabilidade e surpreendente eficácia das críticas descontínuas, particulares e locais, e mesmo devido a elas, se descobre nos fatos algo que de início não estava previsto, aquilo que se poderia chamar de efeito inibidor próprio às teorias totalitárias, globais[71]. Assim sendo, toda e qualquer globalização teria efeito inibidor diante da criticidade que pudesse contrapor fatos específicos e que se mostrem distantes de quaisquer possibilidades de generalização. Em níveis emocionais, a idéia de teorias globalizantes fica ainda mais sujeita a toda e qualquer criticidade, inclusive pelo simples deslocamento do local onde eventualmente tenha sido concebida — incluindo-se aí toda a sorte de

---
70. *Ibid. op. cit.*
71. *Ibid. op. cit.*

influências sociais — até elementos como o encadeamento de valores de seu autor. Na medida em que a realidade hospitalar ainda apresenta indícios das contradições sociais, os aspectos teóricos de uma forma geral distam de maneira abismosa quando não consideram tais fatores.

Teorizar a concepção de aspectos que envolvem o surgimento de doenças degenerativas a partir do imaginário implica numa aventura onde nos colocamos de maneira abstrata frente à própria concretude da patologia em si. E ainda que sejam afirmações realizadas a partir da observação de um número específico de pacientes durante um determinado período — a observação de um grupo de pacientes cardiopatas, por exemplo —, ainda assim a mera extrapolação do resultado dessa observação para a totalidade desse tipo de paciente não pode ser considerada como verdade absoluta nem parcial pela simples dificuldade de se englobar de forma totalitária a infinidade de variáveis que incide sobre a existência humana. Tantos fatores serão relevantes para serem considerados numa determinada análise que simplesmente é impossível qualquer teorização que globalize a existência de maneira totalitária.

E nesse exato momento em que as chamadas pesquisas em Psicologia estão determinando inúmeras formas de desdobramento — psicobiologia, psicoimunoneurologia, psicossíntese, entre outras —, a criticidade quanto à abrangência das teorias globalizantes mais do que nunca é pertinente por exigir não apenas um respeito pelos fatos em si, como também um respeito pelos avanços e conquistas obtidas em outras áreas do conhecimento; e poder buscar um nível de aprimoramento que inclua os pontos de convergência ainda que esses se toquem apenas tangencial e superficialmente; dimensionar os limites de uma afirmação no extremo não apenas de sua abrangência, mas também de sua condição mutante, elemento aberto para verificação e mudança a partir de novos balizamentos.

A própria mudança ocorrida no hospital nas últimas décadas contrasta com o histórico de sua trajetória. *Foucault*[72] aponta que antes do século XVIII o hospital não era uma instituição médica, mas sim uma

---

72. *Ibid. op. cit.*

instituição de assistência aos pobres e o lugar onde estes iam para morrer. Não havia doente a ser curado mas apenas alguns pobres morrendo[73]. Essa mudança que vai se configurando ao longo dos tempos desemboca na atualidade com um sem-número de tentativas de explicação tanto dos objetivos da instituição hospitalar, como também do enredamento que determina o surgimento de inúmeras doenças. É nesse contexto de teorizações, implicações e asserções que se impõe a necessidade de criticidade para que não se perca o próprio espaço conquistado na realidade hospitalar.

As teorizações são bastante importantes para o desenvolvimento da própria conquista efetivada no espaço hospitalar. Elas podem inclusive ser o sustentáculo para que a nossa abordagem e a maneira peculiar como analisada a existência humana ganhe configuração precisa no tocante à doença e à dor. Podem ainda determinar o momento mais preciso de intervenção na contextualização da crueza do sofrimento provocado pela hospitalização. O aspecto complicador das teorizações vigentes é a falta de concretude, e em algumas vezes a generalização de determinadas afirmações.

*Deleuze*[74] afirma que o universal não explica nada, ele é o que precisa ser explicado. O Um, o Todo, o Verdadeiro, o Objeto e o Sujeito não são universais, mas sim processos singulares de unificação, totalização, verificação, objetivação, subjetivação, imanentes a um determinado dispositivo[75]. A multiplicidade de variáveis presentes na ocorrência de um determinado fenômeno está presente na necessidade imperiosa das afirmações que direcionam para a relativização das teorias. Teori-

---

73. Essas citações de Gilles Deleuze foram extraídas do texto *Deleuze – o que é um dispositivo*, publicação do Centro de Filosofia do Instituto Sedes Sapientiae, numa tradução de textos organizada por Laura F. Almeida Sampaio.
74. *Ibid. op. cit.*
75. Nos instantes em que terminávamos este trabalho, fomos surpreendidos com a notícia do falecimento de Deleuze através de suicídio. Não mais suportando os sofrimentos advindos de problemas de insuficiência respiratória, Deleuze — um dos principais pensadores deste século — atirou-se da janela de seu apartamento em Paris. Nossa singela homenagem à sua grandiosidade filosófica e à sua contribuição para o pensamento contemporâneo.

zar é polemizar com valores estabelecidos, fato que, por si, já determina um aspecto onde o enredamento das afirmações depende inclusive de um ponteamento lúcido com o que está sendo questionado e até mesmo rechaçado.

## CONSIDERAÇÕES FINAIS

Mais do que simples e pequenas dúvidas, creio que ao longo desse trabalho embaralhei até mesmo questões que poderiam ter apresentado outras formas de encaminhamento. Lancei fagulhas de dúvidas e de incertezas recorrendo a formas bastante contundentes de criticidade. Revi aspectos teóricos polemizando-os com determinação atirando-o às raízes da incredulidade. Desmoronei conceitos com a mesma dimensão de quem aprecia as ruínas históricas de determinadas cidades; caminhei por trilhas onde não havia a menor preocupação de repor conceitos onde a criticidade teórica deixou apenas vazio e indignação.

O contumaz artesão da palavra tem sempre presente a contundência da criticidade nos esboços daquilo que foi dito através da palavra escrita. Assim também tem detalhamentos do efeito que as críticas possam desencadear e do balizamento que o desmonte teórico provoca naqueles que de alguma forma estribam suas razões nessas teorizações. Mesmo que se esteja longe de ser acolhido na definição de artesãos da palavra, certamente foram feitas críticas por demais contundentes a diversos postulados e teorias.

Abriu-se um grande leque de opção e reflexão para o que foi dito e dimensionado sobre as condições emocionais que incidem sobre o processo de adoecer. Foram desveladas as inúmeras possibilidades presentes na perspectiva de análise e compreensão da realidade do paciente e sua objetivação com a doença. E mais do que respostas, lançou-se um sem-número de dúvidas e divagações até mesmo sobre aspectos dessa compreensão.

Certamente, configurei aspectos amplos de necessidade de um aprumo exato para que a teorização possa ser muito mais do que uma mera e simples digressão sem comprometimento com os fatos em si, comprometimento este que deveria ser a preocupação primeira de todas as afirmações que de alguma maneira circunstanciam os balizamentos teóricos.

A novidade e a criatividade presentes em cada nova teoria deveriam também ter a capacidade de romper com velhos arcabouços na medida em que trazem em si forças transformadoras, embora, em algumas vezes, sem a pertinência suficiente para a efetivação de tal intento. Efetivamente, espraiamos muito mais incertezas e dúvidas do que quaisquer outras formas de compreensão dos processos que envolvem o paciente e sua doença.

Se foram lançadas essas dúvidas para que possam ser refletidas por um sem-número de teóricos que escrevem ou estudam sobre os processos emocionais presentes no adoecer, então, ainda que tangencialmente apenas, foram configuradas evidências dessa maneira de polemizar e discutir fatos e teorias.

Talvez a grande dificuldade e mesmo o grande desafio contemporâneo consista em nossa capacidade de discernir a mera teorização dos aspectos realmente importantes que são revelados por um dado fenômeno. Verificar se atrás de uma dada explicação teórica não se encontra mais uma das inúmeras tentativas humanas de explicar os fatos baseados exclusivamente na sua necessidade humana de tentar apreender e explicar os fenômenos que o cercam.

O homem, desde os primórdios da civilização, traz enraizada em suas necessidades a tentativa de explicação dos fatos e fenômenos que circundam e determinam formas à sua existência. Assim, recorre a todo tipo de abstração teórica e filosófica para tentar dar contornos aos "porquês" de sua existência e sua inserção no mundo. Nesse afã, recorre, na maioria das vezes, às explicações que dependem única e exclusivamente de fé dogmática para se tornarem realidade.

Igualmente, muitas teorizações psicológicas vão ser balizadas nesse mesmo patamar, ou seja, dependem de fé dogmática para poderem simplesmente ser consideradas verdadeiras e abrangentes. Não possuem outra lógica que não a fé dogmática para que possam alcançar a explicação de determinadas ocorrências. E o que é mais grave é que, embora também estando fundamentada em bases dogmáticas, se arvora como absoluta inclusive para explicar a "fé religiosa" das pessoas, para intentarem como verdadeiras e pautadas por uma razão até mesmo definida como lógica. Explicam por meio de afirmativa dogmática outros dogmas sociais. Não percebem que cientistas estão concebendo contornos a uma nova seita mística: a Ciência. Tornaram-se assim sacerdotes e bispos da nova profissão de fé, a fé inquebrantável nas ditas explicações científicas. Conceberam-se conceitos científicos que em sua essência são tão dogmáticos como aqueles proferidos pelos fiéis religiosos. A única diferença é que estamos balizados pelo chamado cunho científico. Basta verificar, apenas como mera ilustração, o desencontro das afirmações científicas naqueles fenômenos em que a ciência apenas tartamudeia as primeiras palavras para verificar o teor e a amplitude dessas afirmações.

Tomemos como exemplo novamente o caso da *Aids*. Houve nos últimos tempos um crescimento muito grande do número de mulheres contaminadas. Ao contrário do período em que os primeiros casos da doença foram registrados, hoje tem-se praticamente uma paridade do número de mulheres contaminadas em relação ao de homens infectados. E ainda assim assistiu-se a uma total controvérsia entre os cientistas e os representantes das mais respeitadas escolas da vanguarda das pesquisas na área da saúde apresentando-se em público e divergindo sobre as possibilidades de o homem ser contaminado numa escala de probabilidade em relação de como essa probabilidade de contaminação é maior no universo feminino.

Certamente essas afirmações são mera e exclusivamente teóricas, não tendo como ser fundamentadas a não ser na fé de quem a profere. Os números de contaminação feminina e analogamente masculina são tão imensos e absurdamente incontroláveis que até mesmo medidas profiláticas precisam ser balizadas numa abrangência que transcenda o paciente propriamente dito e englobe também condições circunstanciais que possam ir além do universo do discurso dogmático do cientista.

Dessa maneira, poder-se-á inferir que toda e qualquer afirmação dita científica deve ser cautelosa nos determinados aspectos de uma dada ocorrência. E uma simples observação de determinadas teorias e sua evolução ao longo do tempo mostram a necessidade de uma cautela bastante apurada para não se proferirem tais asserções como valores verdadeiros e universais. Seguramente um trabalho que se dispusesse a observar a evolução de alguns axiomas que envolvem a construção de determinadas teorias por certo encontraria tamanha disparidade ao longo de seu percusso que talvez fosse até mesmo muito difícil encontrar a união de pontos convergentes.

Da mesma forma vamos de encontro ao cuidado na observação dos chamados fenômenos psicossomáticos, visto que nesse afã de explicação inerente à condição humana, encontra-se nessa área um campo propício para todo o tipo de divagação teórica e até mesmo filosófica. Insisto que não tenho a menor pretensão de negar os avanços obtidos na área, tampouco trabalhar em sentido contrário a essas descobertas. Apenas levanto a necessidade de que é preciso se ter cuidado com as afirmações para não incorrer em erros semelhantes àqueles que se pretendeu balizar; como ilustração, pode-se citar reportagem apresentada no jornal *Folha de S. Paulo*, de 11 de novembro de 1995. Ali era apresentada matéria onde representantes da Igreja Católica no afã de levar aos fiéis de bairros periféricos de algumas grandes cidades brasileiras terapia alternativa, propunham a ingestão da própria urina. Argumentavam sobre propriedades mágicas contidas na urina que teria elementos capazes de curar doenças como o câncer e até mesmo a *Aids*. A matéria mostrava ainda exemplos de ordem religiosa, que ingeriam até cinco litros diários de urina para o melhor funcionamento do organismo.

Recomendava ainda que as primeiras ingestões fossem feitas misturando-se a urina com mel para que o seu verdadeiro gosto fosse alterado e o "paciente" pudesse se acostumar com a nova terapia. E por mais que se possa estar diante de um caso dantesco de surrealismo que confronta com alguns princípios largamente definidos pela Medicina ao longo de décadas da condição de eliminação de toxinas e depuração de elementos nocivos ao organismo através da urina, ainda assim assistimos estarrecidos sua conceituação como sendo inclusive prática incluída no rol das chamadas "terapias alternativas". E o que é pior, trata-se de prática propagada por elementos pertencentes à Igreja Católica, que, revestidos de sua condição pastoral, induzem seus fiéis a práticas que na verdade podem ser definidas simplesmente como ingestão de lixo, e como tal conceituado e apreendido e não mais que isso apesar de todas as explicações que possam vir em sentido contrário. E da mesma forma que não se assistiu a uma prática escatológica ser considerada "terapia alternativa", não se pode deixar de assinalar o fato como sendo uma das inúmeras tentativas de explicação do homem aos fenômenos que o cercam.

Por mais dantesca que possa ser a idéia da associação de uma prática escatalógica como sendo terapia alternativa, está-se diante apenas de uma das inúmeras aberrações encontradas atualmente que são englobadas nesse rol. Assim, o chocante da notícia é a sua propagação por elementos que deveriam estar cuidando do bem-estar espiritual da população e não prescrevendo terapêuticas no mínimo discutíveis.

De um lado, ainda que escorada em aspectos meramente experimentais, também se assistiu ao surgimento de diversas asserções que transformam certas doenças em simples manifestações da contemporaneidade independentemente de suas bases bacteriológicas e mesmo orgânicas. Na falta de alguma explicação convincente, apela-se para uma abstração insólita que apesar de nada explicar deixa tanto os autores e os interlocutores satisfeitos com a explicação dada.

Por outro lado, situações que deveriam merecer uma atenção bastante apurada dos investigadores dos fenômenos de saúde mental praticamente são relegadas a alguns poucos profissionais. Como citação, pode-se aludir aos fenômenos do desgaste mental provocado pelas condições de trabalho. A condição presente nos ambientes de trabalho, fruto da correlação de forças sociais da atualidade, estão levando um sem-número de pessoas a uma total desestruturação psíquica a partir dessa configuração.

*Silva*[76], num estudo bastante aprofundado das situações e condições do ambiente de trabalho, coloca que o estudo das conexões Saúde

---

76. Silva, E. S., *Desgaste mental no trabalho dominado*. São Paulo: Cortez, 1994.

Mental e Trabalho não é novo. Entretanto, os desenvolvimentos teóricos e metodológicos sobre o tema, bem como a nitidez cada vez maior dos seus significados políticos, econômicos e socioculturais assumem tal intensidade e abrangência que se torna possível falar do surgimento de um novo campo de estudo marcado pela interdisciplinaridade. Neste campo, passam a ser examinados os processos Saúde/Doença vinculados em suas determinações ou desenvolvimentos à vida laboral, através de uma ótica profundamente distinta das anteriormente adotadas, tanto pelo enriquecimento dos eixos de análise quanto pela fixação de uma perspectiva em que as finalidades das investigações assumem diretrizes éticas.

Isso significa que princípios que ultrapassam a busca da produtividade são adotados na medida em que os estudos se voltam para identificar todos os aspectos "adoecedores", inclusive aqueles que possam estar servindo simultaneamente aos interesses da produção[77]. E num momento onde a sociedade assiste estarrecida os efeitos do desemprego sobre a população, a reflexão sobre as condições de trabalho e sua incidência na vida das pessoas certamente são condições indispensáveis, inclusive para a compreensão dos inúmeros pacientes que emergem diariamente na rede hospitalar vitimados por problemas mentais e orgânicos derivados de condições adversas de trabalho. É cada vez maior o número de pessoas que está sendo atirada às raias do desespero devido a situações que implicam na adversidade das condições de trabalho. O próprio trabalho de *Silva*[78] traz casos comoventes de pacientes que passaram a portar determinadas psicopatias depois da vivência de determinadas adversidades em situações decorrentes das condições de trabalho. Quando a nossa reflexão sobre a condição emocional e suas implicações sobre a realidade orgânica do paciente adquirem contornos bastante amplos e específicos, a reflexão de como condições adversas de trabalho estão levando inúmeros pacientes a toda ordem de distúrbios mentais é determinante dos avanços necessá-

---

77. *Ibid. op. cit.*
78. *Ibid. op. cit.*

rios para um verdadeiro aprofundamento dessas questões. Certamente, ter-se-á mais um instrumento de verificação de condições adversas que, muitas vezes, determinam características específicas de intercorrência no cotidiano desses pacientes. Teremos uma nova ótica de análise que não apenas abarcará as formas da intercorrência social sobre a estrutura emocional, como também estará balizando o aprumo para que certas afirmações incluam essa variável presente e tão forte na vida das pessoas.

*Silva*[79] dentre os depoimentos que ilustra seu trabalho, mostra a própria percepção do doloroso ataque à dignidade. Esse tipo de ataque determinou diferentes representações, dentre as quais ressaltaram aquelas em que os trabalhadores demonstram uma identificação com escravos ou animais. A imagem de escravo associa-se simultaneamente à perda de liberdade e ao sobretrabalho. "Ali, a gente é um verdadeiro escravo — não pode falar nada, tem que agüentar calado mesmo se tiver morrendo de cansado! (ajudante industrial)". A expressão "ser tratado como animal" foi uma das mais utilizadas pelos trabalhadores de indústria de base por Silva, sobre os quais pesava o registro de "ajudante" e estava correlacionada à vivência de desqualificação[80].

A mera citação dessa abordagem envolvendo a correlação de saúde mental e trabalho é apenas um pequeno indício de que as nossas preocupações teóricas correm o risco de perderem a sua verdadeira essência se não considerarem em seu arcabouço fatores tão desestruturantes da organização emocional das pessoas e que, na maioria das vezes, ficaram distantes do campo dessas teorizações. E nesse caso, em que pese o pequeno número de pesquisadores se comparados numa relação direta com outras áreas, tem-se um contraponto de qualidade teórica de tal maneira abrangente que a deficiência numérica certamente é compensada. E na seqüência tem-se o fato de que essa correlação de forças não ocorre em outros campos onde o número de teóricos não apresenta concretude e embasamento filosófico para o avanço das

---

79. *Ibid. op. cit.*
80. *Ibid. op. cit.*

reflexões que poderiam determinar um novo enquadre na formação de um conhecimento mais aprofundado da condição emocional.

Avançamos em questões predominantemente operacionais na mesma medida em que estamos cada vez mais debruçados sobre teorizações vazias e desprovidas de sentido filosófico e até mesmo existenciais.

Foram polimizadas nossas próprias teorizações, sem receio de se deixar um grande vazio e nada acrescentar em contrapartida. Apenas dimensionou-se a necessidade de um constante revisionismo nas questões julgadas conhecidas, para que a produção desse saber não ficasse estanque a aspectos que não permitam a análise de aprofundamento crítico dos aspectos que possam envolvê-los e subjetivá-los.

O arcabouço de muitas teorias é a própria asserção da teoria em si.

Esse aspecto necessita de uma análise contínua para não tornar obsoletos eventuais contrapontos cabíveis até mesmo quando da formulação de tais enunciados.

Escrevemos na apresentação desse livro que continuamos a ser sonhadores. E diante de tudo que foi escrito nesse capítulo onde uma nova ordem de criticidade às teorizações é objetivada, certamente estamos municiando de maneira absoluta todos aqueles que queiram não apenas nos definir como sonhadores, mas também da tentativa de um enquadre e de um paradigma de uma psicologia decididamente humana. Uma psicologia construída por pensadores humanos e que seja destinada à compreensão do homem pelo homem e não mais por devaneios que coloquem o humano a um plano secundário.

E assim é: o importante é que nossa proposta de ação e pensamento seja possível. Não importa que não esteja totalmente efetivada. Importa que seja possível.

# BIBLIOGRAFIA

CAVALLARI, C. D. *O impacto do diagnóstico HIV positivo e a subjetividade*. São Paulo, 1995. Dissertação de Mestrado — Programa de Pós-Graduação em Psicologia Clínica — PUC.
FERREIRA, G. C. S., "Crise — O Silêncio da Psicanálise", in: *Epistemossomática 2*. Belo Horizonte: Publicação do Departamento de Psicologia e Psicanálise do Hospital Mater Dei, 1992.
FOUCAULT, M., *Microfisíca do poder*. Rio de Janeiro: Editora Graal, 1979.
MERLEAU-PONTY, M. *O visível e o invisível*. São Paulo: Perspectiva, 1971.
MOURA, M. D., "O Psicanalista no CTI", in: *Epistemossomática I*. Publicação do Departamento de Psicologia e Psicanálise do Hospital Mater Dei, 1991.
RIBEIRO, H. P., *O hospital: história e crise*. São Paulo: Cortez, 1993.
ROMANO, B.W., "Síndrome Depressiva e sua Relação com a Cirurgia Cardíaca". in: Romano, B. W. (org.), *A prática da psicologia nos hospitais*. São Paulo: Pioneira, 1994.
SARTRE, J. P., *El ser y La Nada*. Buenos Aires: Editorial Losada, 1981.
SARTRE, J. P., *Sket for a theory of the emotions*. Londres: Methuem, 1962.
SILVA, E. S., *Desgaste mental no trabalho dominado*. São Paulo: Cortez, 1994.
SILVA, G. S. N., *AIDS, no encontro do gozo com a morte: a doença do outro*. Monografia de Especialista em Antropologia pela Universidade Regional do Rio Grande do Norte, Natal, 1994.
SZASS, T. S., *Dor e prazer*. Rio de Janeiro: Zahar Editores, 1976.

CAPÍTULO 4

# O fenômeno da fé: a construção da subjetividade*

> *Eis minha subjetividade: percebo a vida como um processo em transformação, caminho que construímos ao caminharmos. Percebo-a também como dádiva: tenho aprendido, diariamente, que ela é frágil e, acima de tudo, finita. Isso faz com que eu busque respeitá-la, apreciá-la e cuidá-la e, nessa medida, dedicar-me a ela, vivendo-a como se vive um grande amor: buscando o prazer máximo do encontro.*
>
> G. Bartucci

## INTRODUÇÃO

Esse trabalho é extremamente ousado, não tanto pela temática que se propõe a refletir, mas muito mais pela presunção de questionar determinados pressupostos de que há muito tidos como inquestionáveis. Essa posição de questionamento de determinados pressupostos teóricos tem me fascinado pela simples determinação de aguçar ícones sagrados dentro dos campos da psicologia e filosofia. Embora não tenha a preten-

---

* Este texto foi originalmente publicado em *Psicossomática e a psicologia da dor*. São Paulo: Pioneira Thomson Learning, 2001.

são de me igualar a nenhum grande teórico, certamente o prazer que sinto em desmoronar com determinados tabus teóricos é indescritível, além, naturalmente, da pequena contribuição para que novas teorias sejam construídas sob novas bases e, por assim dizer, novos fundamentos.

Outros trabalhos igualmente tiveram essa conotação de serem criticados e expostos diante de novos postulados. Pelo tanto de apoio que tivemos em escritos anteriores, há certeza, mais do que nunca, de que é necessário enveredar pelos caminhos da criticidade teórica para que não nos percamos em meras e vãs digressões teóricas e filosóficas que não encontram sedimentação em nossa realidade contemporânea.

Esse trabalho foi apresentado inicialmente no XII Congresso Brasileiro de Medicina Psicossomática e, posteriormente, no V Congresso Brasileiro de Psicologia Hospitalar. É sempre muito fascinante enredar postulados que ao serem lançados como idéias de um capítulo de livro seguramente irão despertar os mais diferentes tipos de sentimentos em todos que dele se aproximarem, diferentemente do que concebemos quando dimensionamos a construção e o enfeixamento dessas idéias.

## EM BUSCA DE CONCEITOS

Em termos estritamente filosóficos vamos encontrar dois tipos de fé: a perceptiva e a dogmática. Nesse sentido, é necessária uma breve reflexão sobre tais questões para um aprofundamento de nossas buscas.

### Fé Perceptiva

É aquela situação em que temos fé em nossas próprias percepções, sendo que fé é a convicção da existência de algum fato ou da veracidade de alguma asserção. Assim, acreditamos na nossa audição, visão, olfato, tato e paladar. No entanto, por mais que possamos acreditar naquilo que vemos e ouvimos, muitas vezes somos traídos por situações falseadas e que nos traem completamente em nosso senso de percepção. A maioria das pessoas, por exemplo, diante da situação de espera de um determinado telefonema certamente já passou pela sensação de ouvir o toque do telefone que na realidade não havia tocado. Ouve-se nitidamente o telefone tocando; mas diante de uma audição mais apurada, percebe-se que esse telefone, na verdade, não tocou, embora a pessoa acredite no contrário. Ou então, quem não passou pela experiência de ver uma pessoa num determinado ambiente e quando apura sua própria visão percebe que na realidade não viu essa pessoa conhecida que julgava ter visto.

O cientista, por outro lado, quando examina uma certa bactéria em sua lâmina microscópica está acreditando que ela é do mesmo teor que outras encontradas num organismo humano. Ele acredita que ao catalogá-la e ao buscar determinadas substâncias para atacá-las estará igualmente criando condições para combater as similares que estão no organismo humano. Da mesma forma, cremos em nossas sensações e procuramos agir de acordo com o que elas nos determinam.

Merleau-Ponty (1976) ensina que vemos as coisas mesmo; o mundo é aquilo que vemos — fórmulas desse gênero exprimem uma fé comum ao homem natural e ao filósofo desde que abrem os olhos, remetem para uma camada profunda de opiniões mudas implícitas em nossa vida. Mas essa fé tem isso de estranho: se procurarmos articulá-la numa tese ou num enunciado, se perguntarmos o que é esse nós, esse ver e essa coisa ou esse mundo, penetraremos num labirinto de dificuldade. Assim, podemos igualmente afirmar que o mundo é o que vemos e que, contudo, precisamos aprender a vê-lo. Precisamos igualar nosso saber a essa visão, tomar posse dela, dizer o que é nós e o que é ver, aquilo que vemos em nós mesmos e o que vemos a partir da nossa concepção de mundo, de realidade e que de fato não tem similaridade com aquilo que os olhos apreendem circunstancialmente. É dizer que muitas vezes até aquilo que possui determinada estrutura estática é apreendido de modo diferente pela pessoa diante das diversas situações que envolvem essa percepção visual.

A fé perceptiva, de algum modo, é aquela que mais intimamente faz com que a própria pessoa acredite no que vê e no que ouve; até mesmo em situações adversas, essa crença é desmontada diante da realidade dos fatos.

Tomemos como exemplo uma pessoa que deixou seu automóvel estacionado num determinado lugar e foi a um cinema ou a qualquer outro lugar. Certamente, o que será descrito a seguir foi vivido quase que integralmente por muitos que passaram por essa experiência. Ao voltar, essa pessoa percebe que o seu automóvel não se encontra mais estacionado onde ela o havia deixado. Sua primeira sensação, então, é negar que ela o tenha estacionado naquele lugar e se ilude tentando acreditar que se enganou. Depois de algum titubeio, ela se dá conta de que seu veículo foi realmente roubado e que, embora tenha tentado acreditar no seu engano quanto ao lugar exato onde o havia estacionado, o mesmo foi levado por desconhecidos e que a ele nada mais resta senão acreditar na verdadeira natureza dos fatos, ou seja, iludiu-se em seu campo perceptivo para tentar negar a realidade de sua percepção visual: a de que o carro não mais se encontrava estacionado no lugar de origem. Há aqueles que até mesmo têm a sensação de ver o veículo roubado no lugar onde ele havia sido estacionado e com muito custo conseguem se dar conta de que estão diante de uma ilusão perceptiva, de uma crença falseada em suas próprias percepções. Nesses casos, o que ocorre é que sua fé perceptiva mostrou realidades inexistentes, assim como o toque de telefone do exemplo anterior e que igualmente também era inexistente.

Exemplos de como a nossa senso-percepção nos trai ou como nos ilude não faltam no cotidiano; a questão mesmo é definir a necessidade humana de fazer da percepção algo que não incida questionamento, quando, em realidade, a nossa senso-percepção é assim como um caleidoscópio: a partir da maneira como o movimentamos, adquire formas e contornos que dificilmente se repetem e que até mesmo se mostram com uma variedade tão grande de tamanhos que fica difícil precisar sua verdadeira estrutura. Assim também é a nossa senso-percepção: na medida em que se desenvolve fica mais apurada e consegue captar uma variedade cada vez maior de estímulos e configurações. Alguém que ouve um concerto musical com conhecimentos teóricos acerca da estruturação tonal, melódica rítmica e mesmo harmônica de uma estrutura musical certamente o ouvirá diferente daquele que simplesmente o escuta sem nenhum conhecimento teórico. O que se sente, no entanto, independe de nossos conhecimentos teóricos e o efeito da emoção que um determinado concerto possa provocar num ouvinte independe de seus conhecimentos teóricos sobre música. Aquilo que toca na alma muitas vezes está distante do conhecimento da estruturação e dos conhecimentos teóricos de música.

De outra parte, praticamente atrofiamos nossas percepções gustativas, táteis e olfativas. A ilusão gustativa, por exemplo, vivenciada pela maioria das pessoas diante de um prato apetitoso de comida se confunde não apenas em si, como ainda com a alteração de condimentos usados em princípio para deixarem os alimentos mais saborosos. Assim, o gosto da carne passou a ser o gosto da carne temperada, o sabor da manteiga passa a ser o sabor dos conservantes usados nesse produto. E se fossemos arrolar o imenso número de alimentos completamente adulterados em nosso cotidiano certamente a dimensão dessa quantidade seria absurda. A textura e o cheiro das coisas praticamente deixaram de fazer parte de nosso cotidiano. A vida contemporânea não considera esses aspectos senso-perceptivos e a nossa própria condição existencial não valoriza tais determinantes.

Vivemos numa realidade existencial, onde agimos como se tivéssemos apenas as percepções visual e auditiva. Nos orientamos para a apreensão que fazemos do mundo a partir da visão e da audição. O olhar determina tudo o que nos circunda em níveis perceptivos até o limite de nosso imaginário, o qual é determinado pela apreensão que temos da realidade, na quase totalidade das vezes, de fenômenos apreendidos seja pelo olhar, seja ainda pela audição. Para Merleau-Ponty (1976), se é certo que vejo minha mesa, que minha visão termina nela, que ela fixa e detém meu olhar com sua densidade insuperável, como também é certo que, sentado diante de minha mesa, ao pensar na ponte de Concórdia, eu não estou mais em meus pensamentos, mas na ponte de Concórdia; e que, finalmente, no horizonte de todas essas visões ou quase visões está o próprio mundo que habito. Essa concepção de mundo inclui os mundos natural e histórico, com todos os vestígios humanos de que é feito — é certo também que esta certeza é combatida, desde que atento para ela, porquanto se trata de uma visão minha.

Evidentemente, tais posicionamentos distinguem-se do fato de que não estamos pensando propriamente no secular argumento do sonho, do delírio, convidando-nos, então, a examinar se o que vemos não é "falso", pois tal argumento se vale dessa mesma fé no mundo que ele parece definir. Entretanto, talvez não soubéssemos o que é falso se algumas vezes não tivéssemos considerado esse falso como verdadeiro, ou, ainda, que não tivéssemos uma distinção clara até mesmo do que pode ser conceituado como falso ou verdadeiro. Essa postulação de verdadeiro é efetivada para, em muitos casos, desclassificar nossas percepções que, misturadas com os nossos próprios sonhos a despeito de todas as diferenças observáveis, são lançadas em nossa subjetividade de maneira a se tornarem absolutas diante de definições abstratas.

Se a percepção nos dá configuração da nossa realidade temporo-espacial, o próprio sentido dessa conceituação é a realidade que se apresenta à nossa realidade existencial. Vejo, sinto e é certo que, para me dar conta do que seja ver e sentir, devo parar de acompanhar o ver e o sentir no visível e no sensível onde se lançam, circunscrevendo, aquém deles mesmos, um domínio que não ocupam e a partir do qual se tornam compreensíveis segundo seu sentido e sua essência. Compreendê-los é surpreendê-los, pois a visão ingênua me ocupa inteiramente, pois a atenção na visão que se acrescenta a ela retira alguma coisa desse dom total, sobretudo, porque compreender é traduzir em significações disponíveis um sentido inicialmente cativo na coisa e no mundo (Merleau-Ponty, 1976).

A fé perceptiva nos dá parâmetros de configuração daquilo que sentimos e percebemos; é preciso, pois, estabelecimentos de coisas externas como se aquilo que sentíssemos ou escutássemos dependesse de fatores extra-sensoriais para se tornarem realidade. Acreditamos ver, ouvir e sentir; mas de maneira bastante frágil, dependemos de estimulações exteriores que confirmem a nossa própria crença. A ilusão das ilusões é acreditar, nesse momento, que em verdade nunca estivemos certos a não ser de nossos atos, que desde sempre a percepção foi uma inspecção do espírito e que a reflexão é somente a percepção renascendo para si mesma, a conversão do saber da coisa num saber de si de que a coisa é feita, a emergência de um vinculante era a própria vinculação (Merleau-Ponty, 1976). É dizer que acreditamos na nossa própria credulidade diante da nossa senso-percepção; a crença de que aquilo que acreditamos ser real é a nossa realidade. Porém, cada percepção envolve a possibilidade de sua substituição por outra e, portanto, uma espécie de desautorização das coisas, mas isso também quer dizer: cada percepção é o termo de uma aproximação, de uma série de ilusões, que não eram apenas simples pensamentos, no sentido restritivo das possibilidades do ser, mas possibilidades que poderiam ter sido irradiações desse mundo único que existe (Merleau-Ponty, 1976).

A questão da fé perceptiva nos dá ainda os determinantes circunstanciais com os quais apreendemos e analisamos não apenas a nossa realidade existencial, como também o mundo que nossa percepção define como tal. Assim, o nosso sentido temporo-espacial é, quase sempre, determinado pela apreensão que o nosso olhar tem da realidade. Até mesmo o desejo sexual é configurado pela apreensão que o olhar tem sobre o objeto de desejo. É difícil imaginar como seria a apreensão dessa mesma realidade para uma pessoa que seja deficiente visual, alguém que necessite situar-se em determinados ambientes a partir de uma senso-percepção que exclua a visão. Ao ter como real aquilo que apreendo pela minha senso-percepção, mais do que configurar contornos específicos à própria realidade a partir da minha apreensão, estou também conferindo a minha condição de "ser-perceptivo" uma condição peculiar. O mundo passa a ser apenas a minha configuração perceptiva, e que é ainda mais linear, existe no meu campo perceptivo apenas o que a minha percepção consegue apreender. A minha limitação perceptiva será apenas algo que simplesmente não pode ser considerado na minha apreensão de mundo.

Tomemos como exemplo a audição por duas pessoas, uma com formação musical bastante aprumada e outra que apenas gosta de música. Ambas diante de uma peça musical ouvirão a mesma música com percepções diferentes. Aquele que possui formação musical apreenderá as harmonias existentes, a desenvoltura dos acordes melódicos, os diversos temas que se enfeixam junto da melodia principal, bem como os diferentes aspectos tonais que incidem sobre uma composição musical. O outro ouvinte apenas apreenderá aquilo que a sua condição sensitiva permite, não tendo condição de apreender os detalhamentos que o nosso outro ouvinte consegue a partir de sua formação musical. Embora não tenhamos como mensurar qual a melhor maneira para se ouvir uma peça musical, é bastante claro e indiscutível que o nível de compreensão de uma mesma peça será diferente para diferentes ouvintes. Se pudéssemos colocar numa mesma dimensão dois ouvintes que tivessem conhecimentos musicais semelhantes, ainda assim, teríamos diferentes avaliações de uma mesma peça musical. Se pegarmos então peças de autores como Mozart e Beethoven, por exemplo, que apresentam complexidade muito além da própria compreensão humana, teremos uma avaliação diferente e profunda a cada audição.

Não há como se esgotar a compreensão da complexidade desses autores em tudo quanto a nossa percepção pode apreender. E o mesmo se dará em outras manifestações de arte, como a pintura, por exemplo, onde cada espectador analisará uma determinada obra a partir de seus aspectos perceptivos e que terá configurações bastante diferentes em cada observador. A emoção que se sente diante de uma peça musical ou de um quadro de pintura não pode ser descrita de modo absoluto, ainda que seus protagonistas sejam pessoas que dominem conhecimentos e detalhamentos de cada uma dessas formas de arte. Contudo, fazemos do nosso campo perceptivo a própria realidade dos fenômenos, dando-lhes inclusive uma configuração de realidade apenas e tão-somente quando conseguimos configurá-los em nosso campo senso-perceptivo.

Uma obra de arte traz sempre em seu bojo uma complexidade de harmonizações e enredamentos que transcendem qualquer análise que se queira fazer de seus próprios esboços e configurações. E assim como um documento que deixado no mesmo ambiente juntamente com outro irá apresentar processo diferente de esmaecimento, também o nosso campo perceptivo configurará diferentes sensações mesmo diante de situações semelhantes. Não tenho como saber a sensação que experenciarei diante de um beijo em uma determinada pessoa, ainda que a tenha beijado no dia anterior. Cada beijo terá uma configuração e especificidade que sempre estão envoltas numa gama imensa de variáveis, o que faz com que o prazer experenciado seja sempre diferente. Da mesma forma, não temos como reviver em termos de emoção sensações experenciadas anteriormente. Posso lembrar que determinada situação me foi muito prazerosa, mas não há como reviver, a partir da rememorização da situação vivida, a sensação experimentada quando da vivência que está sendo relembrada. Mesmo a repetição mecânica de certos gestos não faz com que eles se automatizem sem provocarem diferentes sensações a cada nova repetição.

O nosso campo perceptivo, ao determinar contornos à minha própria realidade, também se determina como uma espécie de balisamento, ou mesmo âncora a partir da qual as coisas são especificadas. Assim, chamarei de sujeito sensível e de bom gosto musical aquele que aprecia o mesmo tipo de arte que eu; dificilmente considerarei de bom gosto quem aprecia gêneros musicais que eu os considere abomináveis. Ou então, num outro diapasão, dificilmente irei considerar interessante alguém que tenha uma concepção de mundo e valores diferentes dos meus. É a minha condição senso-perceptiva que determina aquilo que de alguma forma conceituo em minha realidade existencial. Com o grande avanço tecnológico de nossos dias, quando então, o nosso campo perceptivo muitas vezes é rechaçado e até colocado como falso, temos cada vez mais uma realidade insólita em nosso campo perceptivo. Muitas vezes, o que vemos, por exemplo, é a montagem fotográfica, cênica ou de qualquer outra natureza e que, inclusive mostra outros aspectos de nosso campo perceptivo. A chamada ilusão de ótica é outro exemplo de que muitas vezes aquilo que vemos é algo diferente daquilo que acreditávamos estar apreendendo em nosso campo visual. Por mais que possamos apreender a realidade num espectro bastante amplo de configuração, ainda assim não somos capazes de ter como absoluto os detalhamentos dessa apreensão.

É ainda através da fé perceptiva que o homem também estabelece os avanços e conquistas de sua trajetória no Universo. Assim, quando um cientista se debruça sobre o microscópio para tentar manipular bactérias que acredita existir num organismo humano, ele está usando todo o seu saber a partir da crença em sua fé perceptiva. Ou ainda, quando outros cientistas efetivam cálculos bastante complexos para enviarem um foguete para a órbita lunar, igualmente estamos diante de pessoas que estão acreditando na projeção de seus cálculos a partir da crença na fé perceptiva de que aquilo que projetam e dimensionam poderá tornar-se real a partir de determinadas circunstâncias. Mesmo quando um determinado inventor debruça-se sobre seu invento, está acreditando com fé inquebrantável na viabilidade de suas idéias e no resultado dessa idealização. Somos a nossa realidade perceptiva e a crença em nossa própria percepção. E mais do que pessoas que apenas existem, somos seres senso-perceptivos.

Por outro lado, podemos, inclusive, estabelecer que até mesmo questionamentos que fazemos ou idéias que elaboramos no imaginário dependem de nossa fé perceptiva, não apenas para ganharem contorno e especificidades como também para que possamos estabelecer o enfeixamento das próprias idéias. O imaginário nada mais é — se quisermos aprofundar uma reflexão sobre a sua natureza estrutural — do que um determinante que se efetiva a partir da construção daquilo que acreditamos pensar, ou então concluir em termos de elaboração e conclusão de idéias. O imaginário é o arcabouço maior das nossas divagações teóricas e filosóficas, o referencial de onde elaboramos hipóteses que irão ser dimensionadas para se tornarem realidade. Mesmo essa realidade que poderá advir desses questionamentos e conseqüentes verificações de hipóteses também dependerão da nossa fé perceptiva para que possamos estabelecer que as hipóteses que elaboramos se tornaram algo com concretude e dimensão efetivas.

É ainda no imaginário que também se estabelece que nossas crenças e convicções possuem parâmetros de referenciais a tudo que possa envolvê-lo. Por exemplo: alguém que acredita nos princípios reencarnacionistas e que assim estabelece formas específicas de vida a partir dos dogmas desses princípios tem no imaginário a visão do que seria a passagem de uma vida para outra ou mesmo de como é o lugar onde os espíritos vagam antes de retornarem à Terra. Da mesma forma, uma pessoa que acredita nos dogmas do catolicismo tem no imaginário as formas de configuração do paraíso e do inferno. E mesmo que se argumente que existem inúmeras obras de arte que procuraram retratar tanto o inferno como o paraíso e que a maioria das pessoas os imaginam a partir da retratação feita nesses objetos de arte, ainda assim estamos diante de imagens criadas pelos artistas que conceberam tais obras e, portanto, de como eles imaginaram que seriam o inferno e o paraíso. A visão será diferente para cada pessoa, pois o imaginário de cada uma irá criar tantos infernos e paraísos quantas pessoas os imaginarem. Não há como desassociar o imaginário da fé perceptiva, pois praticamente um é resultante do outro e, de alguma forma, um se configura a partir do outro. A própria definição e configuração do que seja imaginário dependem de nossa fé em sua existência e até mesmo em sua abrangência. Acreditamos na existência do imaginário e naquilo que imaginamos em nosso conjunto de idéias.

As coisas que a nossa percepção apreende da realidade são definidas a partir daquilo que acreditamos e que conceituamos como tal. Assim, quando vejo uma maçã e sinto cheiro, estou acreditando que estou vendo e sentindo o cheiro de algo que acredito ser uma fruta e que me ensinaram chamar-se maçã. Acredito que tenho diante de mim uma maçã e me relaciono com esse objeto a partir dessa crença.

Creio ser uma pessoa com características definidas e, como tal, me relaciono com os objetos e, por assim dizer, com o mundo. Acredito naquilo que vejo da mesma forma que ao ler esse texto você acredita estar apreendendo a síntese daquilo que estou refletindo sobre questões pertinentes à nossa fé perceptiva. Paradoxalmente, a fé perceptiva que necessitamos possuir para podermos ler e até mesmo refletir sobre um texto é fundamentada em níveis perceptivos que igualmente sedimentam-se em diferentes formas de crenças. Mesmo a crença de como eu me percebo e de como acredito que os outros me percebem também se fundamenta na fé que possuo na percepção que tenho de mim mesmo e da percepção do outro. Nessa seqüência, podemos inferir que alguém pode ser definido como sendo portador de algum distúrbio mental quando possui percepção alterada dos fatos e do relacionamento com o outro; alguém, que tem a percepção de ser aquilo ou isso, ou então alguém, que não ele próprio, que vive num mundo completamente fechado em seu imaginário, que acredita que a sua realidade fenomenal é aquilo que constrói em seu próprio imaginário, que vive unicamente a partir dos determinantes desse imaginário e que não tem a menor preocupação com o confronto com a realidade do mundo; a realidade de sua existência é a sua crença e a sua configuração de imaginário. De uma forma até mesmo mais radical, podemos igualmente afirmar que a própria conceituação do que seja saúde mental é algo regido a partir dos ditames do imaginário de algum teórico que se propôs a refletir sobre tais temáticas. Ou então de algum teórico que acreditou, a partir de suas próprias crenças, em determinados conceitos que, de alguma forma, poderia definir aquilo que se acreditava preconizar ou até mesmo definir o que é saúde mental ou mesmo doença mental. A fé perceptiva nessas crenças e na elaboração de seus paradigmas dá a dimensão do tanto que construímos e sedimentamos em nosso imaginário tais evidências ou mesmo dúvidas.

O imaginário não depende, por outro lado, da nossa fé perceptiva para adquirir conceituações que sejam consideradas pertinentes ou inerentes aos nossos conceitos de mundo, valores e homem. Imaginamos livremente tudo o que concebemos numa mera idealização de fatores e determinantes existenciais sem o menor fluxo com a razão que determina a seqüência de nossas condutas em situações especificamente sociais. É no imaginário que acreditamos efetivar nossas perspectivas de projeção para o futuro e nossas idealizações de novas formas de vida. É ainda nele que encontramos alívio para a nossa realidade a partir da nossa condição de transcendência: viajo através do meu campo perceptivo para outras realidades espaciais; me transporto para o futuro tentando fugir das agruras do presente, como igualmente me lanço com meses de antecedência para a perspectiva de um passeio no verão.

O imaginário determina a nossa concepção de símbolos e expressionismo de nossa realidade. Por exemplo, uma pessoa que tenha lido um romance e depois o assistiu em uma adaptação cinematográfica certamente irá preferir a versão do livro. Isso se dá porque quando a pessoa lê o romance é o seu imaginário que constrói as características dos personagens e dos locais onde ocorre a trama e o enredo, ao passo que na versão cinematográfica as coisas estão prontas. No imaginário, o romance ganha uma força e um vigor que não podem ser comparáveis à condução de um filme, por mais brilhante que seja a direção, o roteiro e mesmo a trilha musical. É no imaginário que se processam os determinantes da construção dos filigranas que tornam o enredo fascinante e mesmo das características em perfeita harmonia com a idealização que estabelecemos para a trama do romance. O filme, ao contrário, é uma concretização da idealização que o diretor e o roteirista estabelecem para a trama desse romance e, na quase totalidade dos casos, será diferente daquela idealização que o leitor estabelece. Mesmo que a direção e o roteiro contem com a participação do próprio autor de um romance, a idealização que os leitores fizeram da obra não encontrará similaridade com as imagens apresentadas pelo filme. Muitas vezes, a sensação que fica é a de que quando comparamos um determinado livro com a sua adaptação em filme, estamos diante de obras díspares e que nem mesmo apresentam similaridades entre si — muitas adaptações consideradas brilhantes não conseguem ir de encontro ao imaginário dos leitores pela própria abstração contida nessa idéia e nesse projeto.

É no imaginário que criamos concepção de valores a partir das projeções que fazemos de nossas vivências e mesmo da elaboração de nossos projetos existenciais. Um projeto é mera idealização que se constrói e se configura no imaginário; para se tornar real, ele passa da concepção do imaginário para a dimensão do real numa transposição que envolve o dimensionamento de maneiras específicas da concretude dessa idealização.

Uma idéia é também uma forma de o imaginário se expressar, de ele se mostrar inferindo em nossas vidas, na construção de nossas idealizações. Uma idéia é algo que abstraímos de nossa concepção existencial a partir da forma que o imaginário possa ou não concebê-lo.

É ainda no imaginário que estabelecemos nossa relação com o mundo e com o outro e também a maneira como estabelecemos parâmetros de mudanças em nossas questões existenciais.

A criação de uma trama literária do imaginário envolve, muitas vezes, fatos e enredos muito além da criação do autor. Bartucci (1998), refletindo sobre a literatura como busca de identidade, coloca que, visto que os leitores são indivíduos diferentes, a possibilidade de interpretação de uma obra é múltipla e, conseqüentemente, é impossível uma definição única do texto literário. É o mesmo que dizer que um único leitor terá interpretações diferentes de uma mesma obra tantas vezes quantas ele se debruçar sobre ela. A sua apreensão da realidade do texto será então um processo fenomenal que incidirá sobre a sua própria realidade existencial na fusão que vivencia com o texto lido. O autor ensina ainda que essa indeterminação deixa margem para que haja uma mudança de percepção, uma vez que compele o leitor a essa busca. Assim, à medida que texto e leitor se confrontam, a individualidade do leitor é trazida à consciência, num despertar de sua in/consciência. O que somos é confrontado com o que não somos — e é esse encontro indispensável para nosso desenvolvimento que vem a ser a nossa realidade (Bartucci, 1998). A constante alternância entre o imaginário e a realidade torna-se binômio indivisível em nosso campo perceptível que se alterna e se funde de modo indissolúvel e irreversível. Somos a nossa configuração de transcendência ao mesmo tempo em que buscamos nossa configuração de realidade.

A fé perceptiva dá ao homem uma condição de concretude da realidade senso-perceptiva como se não dependesse do crivo da fé para se tornar realidade experiencial ou mesmo vivencial. A fé perceptiva insere-se na existência humana como se não dependesse de provas ou de confirmação para configurar-se como real. Ela traz em seu bojo a convicção da existência de algum fato ou veracidade que se torna real pela apreensão perceptiva como se esta não dependesse de uma fé em si mesma. Uma fé que para sustentar-se precisa crer em sua própria estruturação. Dessa maneira, até mesmo a afirmação popular extraída do evangelho cristão "ver para crer" traz em si essa contradição conceitual na medida em que você, como foi dito anteriormente, precisar acreditar no que vê para então crer no fato ou fenômeno apresentado. E tudo de uma forma absolutamente estrutural se transforma em realidade apenas em nosso campo perceptivo, pois até mesmo essa realidade apreendida depende de uma determinação conceitual estabelecida em nossa subjetividade perceptiva — pensamento, imaginário, imagens e abstrações.

A nossa subjetividade é o modo como estabelecemos nossa vivência de transcendência e como nos definimos como seres pensantes e até mesmo humanos. É no enfeixamento da nossa realidade senso-perceptiva que se forma a nossa subjetividade em tudo aquilo que nos caracteriza como humanos, um ser que transcende a si mesmo e se percebe como fenômeno, como um além deste.

Uma outra situação onde o imaginário nos mostra a necessidade de uma crença em nossa própria fé perceptiva é aquela que nos remete à rememoração da imagem de uma pessoa com quem convivemos. Na maioria das vezes, apenas conseguimos lembrar da imagem que essas pessoas apresentam na atualidade, sendo muito difícil rememorá-las com imagens do passado. Ou então, de pessoas que perdemos a convivência há muito tempo. Nesses casos, o nosso imaginário tem fixado a imagem que tínhamos dessas pessoas na época da convivência, sendo que qualquer outra configuração será um mero exercício ficcional, pois não há como projetar a sua imagem precisa na atualidade apenas e tão isoladamente pelo esboço do imaginário. Em quaisquer dessas situações, acreditamos na imagem que rememoramos como se essa crença pudesse configurar contornos reais à pessoa imaginada. O limite entre a imagem — criação ficcional do imaginário — e o real é uma divisória tênue que praticamente inexiste de nossa fé nos contornos de criação de imagens. Acreditamos em nossa elaboração ficcional ao mesmo tempo em que, diante de contraponto com a própria realidade, estabelecemos que o nível em que se processa tal comparação é somente uma confirmação dessa elaboração. É igualmente verdadeiro que, em geral, damos ao real conotação a partir daquilo que criamos no imaginário de modo a torná-lo um binômio indivisível entre ambos.

Também podemos evocar como exemplo de criação do imaginário aquelas situações onde conhecemos uma pessoa sem o contato interpessoal através da senso-percepção do olhar — podemos incluir nesse rol pessoas com as quais mantemos contatos por meio telefônico, correspondência e, atualmente, por *e-mail*. Criamos uma imagem da pessoa a partir do desenvolvimento desse relacionamento: imaginamos sua estatura e outras características corporais a partir de uma mera criação do imaginário, e quando temos a oportunidade de travarmos um contato pessoal envolvendo, então, outros níveis de nossa sensopercepção, temos um confronto onde, na maioria dos casos, esperamos ser correspondidos com a idealização criada em nosso imaginário. Uma experiência muito corriqueira em minha vida pessoal e profissional ilustra muito bem essa situação. Muitas pessoas acabam me conhecendo pessoalmente depois de lerem algumas publicações minhas; e quando isso acontece, se decepcionam, pois esperavam um autor com uma seriedade e densidade existencial que não combinam com a minha pessoa. É como se idealizassem as características que um autor que escreve sobre determinadas temáticas tivesse de ter. Tudo é, na verdade, uma criação ficcional de quem lê ou de quem se debruça sobre um trabalho científico.

Quando nos deparamos diante de uma obra de arte — seja ela pintura, escultura ou qualquer outra manifestação artística — seguramente não haverá consenso entre os admiradores, ainda que estejam diante de obras pertencentes a escolas clássicas e que tenham parâmetros bem definidos. Assim, diante de uma obra que possa ser enquadrada como barroca pelo conjunto de características dessa escola, não será possível obter um consenso de impressões captadas no campo perceptivo. E se, num mero contraponto, evocarmos a escola impressionista onde a abstração é condição primeira para a avaliação e conseqüente apreensão, teremos então um rol de impressões sensitivas ainda mais díspares. O significado de uma obra para uma pessoa não será o mesmo para ela mesma em situações diferentes. Em relação a outros indivíduos, então teremos tantas impressões quantas forem as avaliações. Mesmo que se estabeleçam padrões de avaliação e identificação de obras e objetos de arte, ainda assim a configuração que determina similaridade é algo tão distante de conceitos objetivos que até mesmo esse tipo de conceituação carece de sentido e razão. O próprio conceito de abstração que envolve a elaboração e apreciação de uma obra de arte é algo que se constrói no imaginário a partir de imagens captadas e vividas em nível senso-perceptivo e que são transformadas pelo dimensionamento da experiência ficcional, onde a própria realidade torna-se realidade somente após existir enquanto ficção. Até mesmo a construção da realidade, por mais densidade que possa apresentar em termos de objetividade e concretude, é uma efetivação que se processa inicialmente na fé perceptiva de se acreditar que tudo que apreendemos foi transformado num processo de recogitação de imagens e conceito, onde inclusive a própria conceituação dessa transposição irá depender de conceitos criados e apreendidos em conceituações que passaram pelo crivo da fé de nossas senso-percepções para que se acreditem serem verdadeiros.

Uma realidade, antes de qualquer outra configuração, é a somatória de enfeixamentos de imagens e conceitos que se deslocaram do campo ficcional para o real e que inclusive dependeram de elaboração e abstrações do campo ficcional para se configurarem em algo que pudesse ser transposto de ficção para o real. O imaginário é a própria realidade subjetiva por mais antagônica e paradoxal que essa afirmação possa ser, pois o imaginário é o espaço onde a pessoa pode ser ela mesma em toda a sua plenitude e exuberância, criando não apenas o seu próprio universo simbólico como também, e principalmente, configurando sua própria individualidade e identidade pessoal. É no campo do imaginário que se aprofunda a própria experiência da subjetividade que nos torna eminentemente humanos.

É ainda a própria fé perceptiva que nos dá a crença de que o que vivemos no imaginário pode se tornar real e que estabelece os limites de onde termina a vivência ficcional e onde se inicia o real. Ou, por outro lado, como é possível serem delimitados parâmetros que dimensionem os ditames necessários para que a elaboração de uma empreitada subjetiva possa se configurar como realidade. É a fé que temos em nossa senso-percepção que transforma o nosso universo simbólico em diferentes contextos, configurando-lhe aspectos que podem ser transformados tanto em dados de realidade como também em transformações ainda mais subjetivas no próprio campo simbólico. Em seguida, discorreremos sobre questões que envolvem a fé dogmática.

## Fé Dogmática

As questões envolvendo a fé dogmática são, por assim dizer, cáusticas, no nível de reflexão, por escancararem de modo abismoso os princípios que norteiam a prática clínica. Se a fé perceptiva, quando trazida à luz de uma reflexão pormenorizada, provoca situações de muito incômodo por desmoronarem com muitos dos nossos ponteamentos filosóficos e teóricos, a fé dogmática, por outro lado, evidencia o tanto de necessidade de um aprumamento mais intenso e detalhado desses campos. Dogma é o fundamento de qualquer sistema ou doutrina; é aquela fé estruturada em algo que não depende de fatos para se tornar realidade. Assim, alguém que acredita em Deus não precisa de nada além da sua própria fé para Nele acreditar, nem da fé perceptiva — olhar, audição, tato, etc. Alguns poderão até argumentar que sentiram a Sua presença ou até que estão em contato permanente com Ele; mas, na realidade, Deus existe apenas para os que acreditam em Sua existência, não tendo uma configuração real em termos absolutos. Todavia, aquele que acredita em Deus sente Sua manifestação em diversos níveis, sendo Sua existência tão real como outros níveis de fatos e coisas reais.

É importante ainda ressaltar que quando falamos em fé dogmática, a impressão primeira é que estamos nos referindo a aspectos de dogmas religiosos que implicam na crença de determinadas doutrinas místicas e/ou religiosas. Entretanto, a fé dogmática possui um aspecto mais amplo em seu dimensionamento e abarca a fé inquebrantável tanto em algumas doutrinas filosóficas como também em alguns corpos teóricos. E aqui é importante destacar ainda que vamos incidir nossa reflexão sobre o tanto que a fé inquebrantável em certas teorias faz com que percamos a própria apreensão do fenômeno observado.

É necessário, dessa maneira, empreitarmos uma condição reflexiva para que possamos abarcar uma abrangência sobre as questões que envolvem a temática do dogma e, inclusive, tentar articulá-la com as questões que envolvem a nossa prática clínica, bem como as reflexões teóricas que embasam tais práticas. Ao falarmos em dogma estamos colidindo frontalmente com os teóricos que se recusam a fazer revisões sistematizadas de suas práticas.

Inicialmente, vamos direcionar a questão do dogma enquanto fundamento de qualquer sistema ou doutrina. Dessa maneira, caímos num imbricamento primeiro que nos direciona a simplesmente afirmar que toda e qualquer teoria depende de fé dogmática para se configurar como teoria. Teoria é, por definição, o princípio básico e elementar de uma arte ou ciência, ou ainda conhecimento especulativo e também conjetura e hipótese. Encontraremos também a definição de teoria como sendo uma utopia, definição essa que engloba a maneira como a própria ciência se debruça sobre determinados princípios teóricos. Toda teoria é algo que, para estruturar-se e configurar-se como hipótese, necessita da fé dogmática do observador e tão pouco exige confrontação com o real. As teorias explicam o mundo e a realidade desde que acreditemos em seus enunciados. Se não houver a fé inquebrantável em seus enunciados seguramente elas nada explicam. Tomemos como exemplo as teorias em psicologia, embora a reflexão que iremos efetivar se adeque não apenas à psicologia, mas também a qualquer corrente do conhecimento humano que teorize sobre a condição humana.

Dentre essas teorias de psicologia vejamos primeiramente a psicanálise. Se não houver fé dogmática em axiomas ela não tem como se manter estruturada. Assim, não se pode ter a psicanálise como nível de saber para a explicação do conhecimento sem aceitarmos, indiscutivelmente, sua teorização acerca do inconsciente e de suas manifestações no comportamento humano. Igualmente ao inconsciente, a teoria psicanalítica necessita de fé inquebrantável em outros axiomas para que seus enunciados sejam consistentes. Não se pode, por exemplo, aceitar os enunciados psicanalíticos e recusar seu enredo de explicação de causa e efeito, ou, ainda, os efeitos do passado nas questões de influência no comportamento humano. O enfeixamento de tais axiomas são imprescindíveis para que possamos aceitar a teoria psicanalítica como um enunciado capaz de explicar fatores determinantes da conduta humana. É a fé dogmática em seus princípios que torna seus enunciados verdadeiros. Basta simplesmente a falta de fé em algum de seus axiomas e princípios para que a teoria psicanalítica perca toda a sua veracidade. Usei a psicanálise como princípio de reflexão, mas esse princípio de fé dogmática vale também para qualquer outra teoria ou mesmo corpo de doutrina filosófica. A verdade é que necessitamos de fé dogmática para formar um corpo teórico que possa embasar a nossa prática clínica, e o que é ainda mais difícil de assimilar, estamos acreditando em teorias que se enfeixam em si e que muitas vezes sequer possuem parâmetros de concretude com a realidade.

A afirmação muito corrente no meio acadêmico de que a ciência é a mais moderna das religiões e que os cientistas são os sumos sacerdotes destas religiões ganha contornos ainda mais drásticos quando confrontada com a reflexão de que necessitamos da fé dogmática para aceitar os dogmas que denominamos de teoria. E de fato, quando observamos a postura de determinados profissionais professando suas crenças teóricas temos a sensação de que se trata de sacerdotes que estão pregando ensinamentos messiânicos que precisam ser aceitos e assimilados pelos fiéis. Encontramos até mesmo no meio acadêmico cientistas que rompem relacionamentos pessoais em virtude de divergências sobre determinados postulados teóricos. E o que é mais agravante: trazem essas divergências como sendo embates meramente pessoais, algo que pode conspurcar a relação intrapessoal. A postura desses cientistas, na verdade, muitas vezes é até mais radical do que aquela encontrada no seio das religiões tradicionais.

Quando conferimos à ciência a característica de religião, muitos aspectos desse embate dogmático que se estabelece entre diferentes teorias ganha configuração e contorno de difícil balizamento. São tantas as teorias que se contradizem mutuamente que fica praticamente impossível encontrar pontos de convergência em seus postulados.

Ao observarmos os seguidores de determinadas teorias no campo da psicologia, encontramos peculiaridades bastante interessantes. Assim, um grupo de seguidores da teoria reicheana, por exemplo, será facilmente identificável se comparado ao da psicanálise. É como se a própria escolha de uma dada corrente teórica, além da identificação com os postulados teóricos propriamente ditos, implicasse também em adotar padrões comportamentais que, de alguma maneira, passam a integrar os grupos teóricos. Da mesma forma, se formos de encontro a teorias econômicas e seus respectivos grupos, facilmente identificaremos aquelas pessoas que seguem as chamadas teorias desenvolvimentistas e as que seguem as chamadas teorias monetaristas. Isso ocorrerá também se formos de encontro a diferentes grupos teóricos dentro da área do Direito. As teorias, na verdade, mais do que embasar uma atividade prática, estão definindo padrões de comportamentos pessoais, ainda que isso não tenha em princípio nenhuma relação com a atividade propriamente dita. Elas se apresentam como soberanas e determinam ao seu séquito de admiradores toda uma postura de identificação que transcende até mesmo os limites do conhecimento.

As teorias, quase sempre, justificam-se por si só, não apresentando pertinência com os fatos e fenômenos que pretendem observar ou até mesmo explicar. Assim, mais do que provar a veracidade de uma teoria, os fatos, ao contrário, não se justificam pela teoria e fazem o caminho inverso. Uma teoria tenta se justificar acoplando-se aos fatos e fenômenos; é explicada a partir de seus axiomas e perde seus próprios parâmetros quando não encontra alicerce nesses fatos e fenômenos.

Para exemplificar tais colocações, vamos nos ater aos fiéis que acreditam em doutrinas religiosas que professam a existência do Espírito Santo. Certamente esses fiéis encontrarão em seus cotidianos muitas manifestações que serão atribuídas e consideradas como manifestação do Espírito Santo, as quais serão explicadas de outra forma por pessoas que não professem tais crenças. Da mesma forma, um psicanalista irá definir como sendo manifestação do inconsciente uma série de ocorrências que igualmente será explicada de outro modo por pessoas que não crêem na existência do inconsciente. O que estamos tentando demonstrar é que absolutamente nada pode ser explicado e definido teoricamente sem que se recorra à fé dogmática. E muitas vezes, inclusive, vamos ter o enfeixamento da fé dogmática com a fé perceptiva, quando a congruência daquilo que se vê com o dimensionamento do real depende da configuração que lhe é dada pelo imaginário. Assim, acredita-se naquilo que se vê e se percebe, ao mesmo tempo em que se idealiza a concepção de tais configurações. Apreendemos a realidade a partir da nossa concepção e da maneira como a configuramos conceitualmente.

Os conceitos teóricos que norteiam e ponteiam a nossa vida são construções abstratas que dependem da conjunção de nossas fés — perceptiva e dogmática — para que possam se apresentar como sendo realidade e não apenas algo ficcional, que existe tão-somente em nosso campo perceptivo e nem seja uma mera criação pessoal.

Se aprofundarmos as colocações anteriores para o campo social, veremos que até mesmo os modelos de economia que determinam regimes e formas políticas de governo dependem da fé dogmática para se viabilizarem. Assim, por exemplo, os seguidores da doutrina marxista acreditam que idéias de Marx tornarão a vida das pessoas mais digna e sem privações materiais, ao contrário dos seguidores de Adam Schmidt, que irão defender os princípios capitalistas como sendo o ideário capaz de levar um sem-número de pessoas a uma vida digna e fraterna.

Se formos ainda um pouco além dessas colocações, veremos que até mesmo o conjunto de leis que rege a vida de uma sociedade é criado e redigido a partir da crença de que ele representa tudo o que se faz necessário para que a vida em sociedade ocorra de maneira harmoniosa. É a fé dogmática que sempre impulsiona tanto a mudança dessas leis como a necessidade de complementação e mesmo de modificação a partir das próprias transformações ocorridas nessa sociedade. A nossa própria existência, por assim dizer, é um exercício contínuo de fé dogmática em nossa concepção de mundo, de valores e do conceito de homem que atribuímos à nossa idealização social. É também a fé dogmática que nos faz crer, inclusive, que estamos vivendo nessa dimensão espacial e que, ao contrário, não estamos numa outra realidade planetária, em outra configuração espacial.

Dessa maneira, iremos desembocar na afirmação de que as teorias e doutrinas filosóficas independem dos fatos e fenômenos para se perpetuarem. De nada adianta, por exemplo, erigir-se um sem-número de estudos científicos e arrolar conjuntamente gráficos, dados estatísticos e tudo o mais que se fizer necessário para provar de modo indissolúvel e inquestionável a existência de determinados arcabouços teóricos, que, ainda assim, seus postulados permanecerão soberanos e com inúmeros seguidores e admiradores. As novas teorias que surgem a cada dia nos mais diferentes campos do conhecimento sempre estão a desmoronar os princípios existentes, o que não significa dizer que aquelas que foram refutadas deixarão de existir, ou então que perderão seus seguidores e admiradores. A fé dogmática faz com que as teorias sobrevivam independentemente de qualquer verificação dita científica ou até mesmo experimental; isso porque, a rigor, os fatos também se mostram soberanos nesse sentido, pois a chamada verificação científica ou experimental também dependerá da fé perceptiva e da dogmática para que se torne realidade que se contraponha ao dito campo ficcional da teoria. É como se estivéssemos constantemente num círculo sem saída, com a fé dogmática rechaçando determinados postulados teóricos, para, em seu lugar, essa mesma fé dogmática colocar outros princípios que igualmente dela necessitarão para serem alguma coisa além de si mesmo, como algo que possa se perceber como um fenômeno que se explique a si mesmo.

O importante nessa reflexão é que tenhamos claro que na medida em que estamos explicando os fenômenos que nos cercam a partir da fé dogmática que temos em determinados corpos teóricos, a relativização desses fenômenos tem de ser o nosso principal balizamento de reflexão para que não se incorra no erro de termos como postura que apenas as nossas crenças encerram a verdade e que as demais crenças e teorias são falsas. O que é falso diante de uma determinada ótica poderá, ao contrário, ser verdadeiro diante de um outro olhar, de uma outra fé dogmática. E até mesmo quando buscamos os chamados parâmetros de cientificismo, ainda assim, as conclusões que encerram alguns experimentos somente serão consideradas falsas ou verdadeiras se a nossa fé dogmática abarcar a dimensão de seus enunciados teóricos. É sempre a fé dogmática que determina a dimensão de abrangência daquilo que estamos fundamentando enquanto dimensão teórica como também prática.

Podemos ainda afirmar que nada existe no tocante à compreensão dos fenômenos humanos que prescinda da fé dogmática para se tornar realidade. Nada da natureza humana poderá ser explicado sem a presença dela; absolutamente nada que determine configurações futuristas, enquanto campo do saber, pode prescindir igualmente da presença da fé dogmática. E por mais paradoxal que possa parecer, necessitamos da fé até mesmo para que tanto a fé dogmática como a perceptiva possam tornar realidade em nosso imaginário através da nossa senso-percepção.

## Reconceituando subjetividade

Em termos estritamente filosóficos, subjetividade é a condição primeira da filosofia que tenta reduzir a existência humana à existência da singularidade do sujeito. É o conjunto de princípios onde a realidade da condição humana é a sua subjetividade, ou, melhor dizendo, a própria objetividade é a subjetividade. Somos o nosso próprio campo subjetivo em tanto quanto o concebemos e construímos a partir de nossas experiências, vivências e até mesmo determinantes sociais e biológicos. A subjetividade é aquilo que mais temos de peculiar, de singular, aquele toque de fragrância que nos torna diferente de nossos semelhantes apesar de sermos todos pertencentes à condição humana. É a minha subjetividade que me faz uma pessoa com características que não são inerentes e que, por assim dizer, trazem à minha marca pessoal aqueles traços que me configuram como realidade existencial.

Dessa maneira, e tentando fazer um enfeixamento com o que foi refletido anteriormente, a nossa subjetividade é o modo como configuramos a nossa apreensão da realidade a partir da configuração que estabelecemos na confluência da integração da fé perceptiva com a dogmática. Assim como num copo d'água, onde colocamos um pouco de azeite e temos então um novo corpo sólido com duas substâncias que não se misturam mas se complementa tornando-se uma realidade indivisível apesar de não se misturarem, as nossas fés igualmente podem apresentar diferentes configurações, mas, ainda assim, podem ser separadas nessa condição indivisível. Ou então, ao contrário, ser uma única realidade a configurar os aspectos dimensionais da nossa subjetividade.

A subjetividade é o conjunto de crenças que faz com que cada pessoa se determine enquanto sujeito histórico e que busque a concretização e a efetivação de seus sonhos e ideais, sejam eles meramente filosóficos, sejam eles determinantes de busca e de configurações sociais e até materiais. É a realidade maior de uma determinada pessoa, é a configuração daquilo que pode ser dimensionado como sendo sua realidade maior em tudo aquilo que lhe caracteriza como pessoa existente e que busca construir sua própria historicidade. É a subjetividade que faz com que o que eu sinto seja diferente daquilo que o outro sente, ou, até mesmo, que seja diferente a percepção que temos diante de um mesmo objeto ou fenômeno, ou, ainda, que dê conceituações diferentes de belo ou de verdadeiro para o mesmo objeto ou fenômeno. É a minha subjetividade que me faz diferente de mim mesmo em momentos e circunstâncias diferentes.

Assim, por exemplo, se um amigo me telefona às 16 horas para me convidar para uma caminhada matinal, no dia seguinte por volta das 5h30, tenho a realidade da minha subjetividade sedimentada no horário vespertino que, por certo, será muito diferente no dia seguinte às 5 horas quando o despertador tocar me chamando para a caminhada. Dessa maneira, embora tenha aceitado o convite na situação vespertina, a realidade matinal fará com que não apenas reveja o convite aceito anteriormente, como também determine que apesar de saber do compromisso continue a dormir, ou, ainda, que possa me emocionar com episódios em determinados contextos e que em situações diferentes nada sinta de significativo diante deste mesmo episódio.

As transformações que efetivo em minha existência têm na subjetividade o significado maior dessas transformações. As maiores mudanças que possa efetivar ao longo de minha experiência existencial ocorrem na minha subjetividade. A maneira como passo a conceituar fatos e fenômenos a partir da minha experiência pessoal faz da minha subjetividade o sustentáculo maior de minhas crenças naquilo que posso conceituar como sendo realização e crescimento pessoal. Até mesmo a minha condição de transcendência é sedimentada na minha subjetividade, que encerra não apenas o bojo das minhas convicções pessoais, como também a fé dogmática que me faz crer naquilo que estou experenciando e que pode então ser definido como sendo uma experiência de transcendência. É a minha subjetividade que realiza de maneira substancial o enfeixamento dos fatos e fenômenos que integram a minha realidade existencial e a minha configuração de ser no mundo. Um ser fenomenal que se percebe enquanto fenômeno e o que vê como um além deste na própria percepção dessa realidade fenomenal.

Dartigues (1976) ensina que os estados psíquicos, a partir dos ensinamentos e reflexões da fenomenologia, não têm de ser considerados, por serem subjetivos, como estados interiores menos acessíveis à reflexão do que os fenômenos externos. A consciência não existe sem mundo, já que, como consciência transcendental, ela é constitutiva do mundo. Mas isso significará que ela estará presa ao mundo? Dartigues, nesse sentido, coloca que poder-se-ia conceber, como de resto o faz o determinismo psicológico, uma consciência que não seja senão um existente entre os objetos do mundo, que sofra pois sua ação de modo que tudo o que se passa nela faça corpo com a realidade maciça na qual ela estaria imersa. As imagens produzidas por sua função imaginativa, fenômenos psíquicos eles próprios determináveis, seriam realidades do mundo (Dartigues, 1976).

É importante ainda sublinhar que o que o homem projeta não lhe é dado de antemão e não o espera em nenhum lugar como uma surpresa, um desatino ocorrido ao longo da existência. Ao contrário, equivale a dizer o quanto essa liberdade terá dificuldades para nascer e como já está ameaçada antes mesmo de ter recebido um começo de realização e a sua própria construção realizada no imaginário na interseção desses componentes subjetivos. É dizer que a nossa própria maneira de direcionamento da consciência ao mundo que nos apresenta é arbítrio em última instância desse conjunto de fenômenos que compõem o meu universo interior e que denominamos de subjetividade. E a nossa introspecção dos aspectos que formam o nosso subjetivismo é a congluência da nossa realidade exterior com a nossa interioridade. Dartigues (1976) ensina ainda que quem diz compreensão diz possibilidade de acesso a uma vivência psíquica que não é nossa.

Podemos então inferir que esta possibilidade de acesso remete a uma certa forma de coexistência com outrem que está já-aí e com quem entretemos relações que tenham se tornado para nós objetos de reflexão. E ainda assim teríamos a subjetividade a permear a nossa relação com estas possibilidades de acessos às nossas vivências psíquicas, o que, de maneira bastante linear, seria afirmar que o mundo é a confluência dessa realidade o tanto quanto eu possa apreendê-la em meu universo subjetivo a partir da exterioridade. Nesse sentido, as palavras do físico James Jean, citado por Boainain Jr. (1999), afirmam que o "(...) universo parece mais com um grande pensamento do que com uma grande máquina (...)", tornam-se cada vez mais reveladora do percurso que efetivamos em busca de uma subjetividade cada vez mais peculiar. Podemos ainda afirmar, como o faz Boaventura de Souza Santos, também citado por Boainain Jr. (1999) que "(...) não há natureza humana porque toda natureza é consciência humana". Portanto, é através da subjetividade que estabelecemos nossa condição humana em tudo que lhe é mais específico e circunstancial, até mesmo em sua configuração enquanto espécie numa comparação, por isso mesmo, soberana no confronto com outras espécies de animais. É construindo uma subjetividade cada vez mais detalhada e requintada que igualmente construímos um novo paradigma humano. Por mais paradoxal que possa parecer, somos objetivamente a nossa realidade subjetiva. É dizer que a nossa verdadeira realidade objetiva é a nossa própria subjetividade...

## CONSIDERAÇÕES FINAIS

As idéias neste capítulo estão longe de se encerrarem nessas linhas. Ao contrário, apenas ousamos dimensionar questionamentos específicos sobre determinantes diversas e que, de alguma forma, direcionam a nossa prática clínica.

Abrimos um leque de questionamentos e observações que, além de instigantes, serão reveladores da necessidade de que muitas outras reflexões ainda serão pertinentes para que o arcabouço inicial desse trabalho ganhe contornos mais amplos. Igualmente é fato que, tal qual ocorre nas aulas e seminários quando abordo tais temáticas, a discussão será revestida de muita polêmica, atingindo as raias da emoção mais estremada. Não é fácil estabelecer tais discussões colocando em risco nossa crença em determinadas teorias, e o que é mais agravante do relativismo de tudo o que teorizamos e construímos naquilo que acreditamos ser o campo do real.

É nessa área, no entanto, que podemos estabelecer que somente poderemos ir ao encontro de uma psicologia quando pudermos desrevestirmos de amarras teóricas que muito mais do que aprisionarem em determinados conceitos solidificam o campo dos preconceitos contra tudo que, de alguma forma, se coloque de maneira contrária a tais princípios. Somente assim, sem prescindir do relativismo de nossas teorias que sempre estão a nos exigir um constante revisionismo de seus postulados, é que poderemos enveredar por caminhos mais amplos e promissores na construção de novas vertentes do saber psicológico. E mais: somente assim, poderemos igualmente sair do modo enclausurado como nos colocamos ao estabelecer a ciência como uma nova religião, onde seus seguidores são, muitas vezes, até mais fanáticos do que muitos outros das religiões tradicionais...

# BIBLIOGRAFIA

BARTUCCI, G. *A doença da morte — Um direito de Asil*. São Paulo: Annablume Editora, 1998.
BOAINAIN JR., E. *Tornar-se transpessoal*. São Paulo: Summus Editorial, 1999.
DARTIGUES, A. *O que é a fenomenologia*. Rio de Janeiro: Livraria Eldora, 1976.
MERLEAU-PONTY, M. *O visível e o invisível*. São Paulo: Editora Perspectiva, 1976.

CAPÍTULO 5

# Depressão como processo vital*

## INTRODUÇÃO

A depressão desde há muito é um dos temas mais estudados e analisados tanto no campo da Psicologia como na Psiquiatria. Sob os mais diferentes ângulos existem estudos acerca da depressão: visões que enfocam aspectos meramente organicistas enfatizando, então, a prescrição medicamentosa, ou, ao contrário, visões enfatizando a depressão como uma ocorrência englobada no rol das psicopatias modernas. Esse estudo procurou fugir de tais parâmetros, buscando antes de qualquer outra premissa, compreender a depressão como manifestação existencial e que, muitas vezes, inclusive, pode ser uma manifestação de defesa de uma determinada pessoa frente às vicissitudes da existência. E ainda assim não estamos preocupados em concordar ou até mesmo discordar dos estudos arrolando a depressão na literatura especializada. Buscamos uma reflexão sistematizada que compreendesse a depressão como fenômeno humano e que, assim como outra

---

* Este texto foi originalmente publicado em *Depressão e psicossomática*. São Paulo: Pioneira Thomson Learning, 2001.

ocorrência da existência, se faz presente nas mais diferentes situações e contextos.

Um estudo envolvendo a depressão não poderia deixar de abordar o próprio sofrimento existencial de sua ocorrência, que, até mesmo, muitas vezes até maior do que o próprio sofrimento orgânico, necessita de um olhar de complacência a sua manifestação.

Buscamos caminhos alternativos para compreender a depressão à luz dos princípios existencialistas. E se houver discrepância em relação aos conceitos tradicionais, não é nossa intenção acomodar nossas reflexões a tais conceitos, ainda que assim sejamos considerados conceitualmente errôneos. O próprio avanço da psicofarmacologia que na atualidade reduziu a depressão a algo simplesmente "curável", bastando para tal a ingestão de alguns comprimidos mágicos, não foi merecedor de nossa pesquisa bibliográfica quando do enfeixamento dos textos necessários para embasamento do presente capítulo. Igualmente os conceitos recentes da psiquiatria, a maioria deles imbricados com os avanços da psicofarmacologia, também não mereceram a nossa menor inquietação diante de seus enunciados. A nossa preocupação foi, e continua sendo, a reflexão dos determinantes que levam uma determinada pessoa a efetivar a escolha da depressão para a resolução de seus conflitos existenciais. E em que pese o grande número de pesquisas que praticamente reduziram a existência humana apenas a conceitos meramente orgânicos, o nosso trabalho será um frestado de luz trazendo o componente humano à depressão para o bojo dos fenômenos existenciais. Fenômenos que estão exigindo algo além dessa visão organicista que, de forma estritamente mecanicista, reduz a amplitude presente no fenômeno da depressão.

Este capítulo certamente parecerá bastante pretensioso para os estudos da área da Psicologia e Medicina e que estão sintonizados com os recentes avanços principalmente na área da psicofarmacologia. E podemos ainda acrescentar que além de pretensioso também será revestido de uma ousadia que até poderíamos definir como sendo pueril, pois ele chega num momento onde praticamente não mais existe lugar para reflexões filosóficas e digressões existenciais envolvendo o sofrimento humano. Diante da praticidade medicamentosa colocada ao alcance de todos das mais diferentes formas, a reflexão sobre o desespero humano é algo restrito apenas a um punhado de sonhadores. Sonhadores que ainda continuam a acreditar numa perspectiva mais digna e plena para a existência humana. E que continuam a acreditar e sonhar que um dia verão a psiquiatria e a psicologia se tornarem mais humanas em sua tentativa de compreensão da existência.

## EM BUSCA DE CONCEITOS

Vamos enveredar inicialmente por alguns caminhos conhecidos pela maioria daqueles que se debruçam sobre a temática da depressão. Ao invés de enquadrar a depressão nas chamadas entidades nosológicas, vamos, ao contrário, vê-la como um estado que nos acomete em determinados períodos de nossa vida com uma variação de tempo que, na maioria das vezes, terá como enfeixamento o modo como a experienciamos. Citaremos aquelas situações em que a depressão surge como uma manifestação existencial diante dos desatinos da própria existência. Poderemos definir então três ocorrências específicas: melancolia, nostalgia e luto.

## MELANCOLIA

Da mesma maneira como nos recusamos a aceitação dos conceitos de depressão apresentados pela psiquiatria tradicional, igualmente iremos refletir sobre a melancolia em seus aspectos existenciais. Assim iremos definir como melancolia aquelas situações em que a pessoa sofre por aquilo que não viveu. Dessa maneira, teremos então uma pessoa que atinge a velhice e começa a relembrar das escolhas que efetivou ao longo de sua vida e conseqüentemente daquilo que deixou de viver em função dessas escolhas; e evidentemente que quando efetivamos uma determinada escolha em nossas vidas, concomitantemente aniquilamos outras possibilidades.

Assim se eu decido casar com a Maria em vez da Luiza, estou dizendo não às possibilidades que eventualmente seriam pertinentes ao casamento com a Luiza. E de outra parte ao escolher o casamento com a Maria estou fazendo igualmente uma escolha em que tudo que envolveria um casamento com a Luiza torna-se apenas mera possibilidade não vivida. Então, diante de um possível fracasso do casamento com a Maria, não é, igualmente possível, dizer-se: se eu tivesse casado com a Luiza teria sido bem melhor; tal colocação é indevida, uma vez que não é possível a vivência dessas duas possibilidades concomitantemente e com o mesmo número presente de variáveis e filigranas de um relacionamento no outro. O casamento com a Luiza tornou-se, assim, uma possibilidade que foi aniquilada diante da escolha que realizei de casar com Maria. E diante do meu fracasso com a Maria a tendência é lamentar a escolha efetivada e tentar imaginar como seria o enredamento dos fatos se em vez da Maria, tivesse escolhido Luiza.

Em nosso cotidiano estamos a todo momento efetivando escolhas que nos direcionam para os mais diferentes caminhos e labirintos. E concomitantemente a essas escolhas estamos assumindo tudo que é pertinente em termos de conseqüências e desdobramentos dessas escolhas. E lamentavelmente a vida não nos permite que voltemos atrás em nossa temporalidade para refazermos tais escolhas e dessa maneira tentarmos resgatar aquilo que julgamos que fosse, ou teria sido, a melhor escolha. "Satisfação garantida ou seu dinheiro de volta" é um slogan que se presta a uma loja de departamentos numa tentativa de propagandear os seus produtos, mas que não para as escolhas que fazemos em nossa vida. Assim se lamentarmos uma determinada escolha não temos a quem recorrer ou reclamar, pois somos os únicos responsáveis pelas conseqüências e pertinências de nossas escolhas. E que é ainda mais drástico, por mais que tentemos nos assegurar com as mais diferentes precauções, evitemos sobressaltos em nossas vidas, ainda assim, estamos o tempo todo diante das mais variadas situações que mostram que a imprevisibilidade da vida sempre está a nos exigir uma atitude existencial plena para não sucumbirmos diante desses fatos. Dessa maneira temos claramente o exemplo de inúmeras pessoas que passam a vida poupando quantias mensais de dinheiro para assegurar uma velhice tranqüila. No entanto, desde planos econômicos governamentais que podem simplesmente seqüestrar essas poupanças, como a própria inexorabilidade da morte, tudo faz com que, apesar das viagens que foram deixadas de lado, de outros tantos prazeres que se recusou para que se fizesse tal poupança, tudo efetivamente perde força e contexto diante de tais ocorrências e a tal da velhice tranqüila simplesmente inexiste. E o que é pior, os exemplos, apesar de inúmeros, mostram que apesar de tudo ainda existe um grande número de pessoas que simplesmente acredita poder precaver-se contra as imprevisibilidades da vida.

As escolhas que efetivamos estão assim diretamente relacionadas com a maneira como concebemos até mesmo os nossos valores existenciais, convergindo então para uma possibilidade de desdobramento que sempre nos levam a um número muito grande de renúncia de possibilidade. E de outra parte estamos efetivando escolhas em nossas vidas de modo intermitente e ininterrupto. Evidentemente que determinadas escolhas, como por exemplo, a de que avenida transitar em meu trajeto diário, seguramente não irá me provocar angústia como escolhas que implicam próprio resignificado da própria vida, como uma mudança de cidade em busca de novas perspectivas profissionais. Ocorre que o grande ponto desestabilizador dessas escolhas é que muitas pessoas tratam a própria vida buscando negar a sua imprevisibilidade. E isso realmente é algo que não é possível; negar a imprevisibilidade da vida é de uma absurdidade maior até que a própria vida. Aquilo que decidimos está impregnado a tornar-se o resultante das determinantes que nos direcionam rumo a determinados parâmetros de escolha. E isso em que pese a necessidade de buscarmos sempre as variantes que nos conduzam àquela que consideramos como sendo a melhor escolha em nossos caminhos.

O fato de ficarmos com outras possibilidades em nosso imaginário, diante de uma escolha efetivada, faz com que essas possibilidades sempre sejam contaminadas por um grande teor de idealização. Assim, em nosso exemplo anterior, ao decidir casar com a Luiza, as possibilidades inerentes ao casamento com a Maria serão idealizações concebidas na esfera do imaginário sem, inclusive, necessitar a menor congruência com aquilo que envolve o conhecimento apreendido em minha consciência de peculiaridade da Maria.

A idealização, presente nas possibilidades que deixamos de lado, faz com que essas possibilidades sempre sejam concebidas como sendo a melhor escolha, pois são colocadas na idealização enquanto a escolha efetivada é calcada no real. Ou ainda num outro exemplo como mero contraponto dessas citações quando decidido viajar num final de semana, em vez de ir a uma festa. A viagem é real e a festa uma mera idealização. Escolho a viagem acreditando que essa será a melhor alternativa diante da festa. No entanto, se a viagem for desagradável irei idealizar em meu imaginário que a melhor opção teria sido a escolha da festa. E no entanto a festa é apenas uma possibilidade que não se efetivou, não tendo, portanto, condições de ser pareada em nível de igualdade com uma vivência real. Ademais existem tantas e tão variadas circunstâncias que envolvem uma escolha até mesmo a idealização presente inclusive quando efetivamo-la, que praticamente é impossível estabelecer critérios de avaliação ao longo da vida para que possamos efetivar aquela que seria a melhor escolha diante das possibilidades que a vida nos apresenta.

Dessa maneira, sempre estamos deixando de lado uma série incontável de possibilidades ao longo de nossa existência. E, na mesma linha seqüencial, estabelecendo condições que nos dêem, ainda que de maneira meramente ilusória, parâmetros para que possamos sempre efetivar a melhor escolha ao longo de nossa vida. É necessário nesse ponto enfatizarmos bastante o termo "ilusória", citado anteriormente, pois decididamente é essa a melhor definição para a crença de que estamos efetivando a melhor escolha diante das possibilidades que nos apresentam.

A minha escolha é o resultado de mim mesmo enquanto determino as minhas próprias condições existenciais. Sartre[1] afirma que o ho-

---

1. Sartre, J. P., *O existencialismo e um humanismo*. Lisboa: Ed. Presença, 1970.

mem está condenado a ser livre. Condenado, porque não se criou a si próprio; e no entanto livre, porque uma vez lançado ao mundo é responsável por tudo quanto fizer[2]. Essa citação quase sempre presente nos escritos existencialistas é, sem dúvida alguma, um dos pontos mais marcantes a nos mostrar a responsabilidade de nossas escolhas ao longo de nossa vida. Ou ainda nos versos de Rilke: "assim a flecha ultrapassa a corda, para ser no vôo mais do que ela mesma. Pois em parte alguma se detém". E ao efetivarmos nossas escolhas estamos sempre indo além de nossas possibilidades, ainda que nossas escolhas sejam feitas a partir do conhecimento prévio que possuímos dos possíveis determinantes que estão a nortear essa escolha. E essa afirmação serve até mesmo para aquelas escolhas simples do cotidiano como um filme a ser apreciado, ou até mesmo, no exemplo anteriormente citado, da escolha do melhor trajeto em nosso percurso diário. E tanto quanto dimensiono minhas possibilidades existenciais, assim também igualmente dimensiono as escolhas sobre as perspectivas dessas mesmas possibilidades. É a minha condição humana, em última instância, que não permite condicionar a minha própria existência a grilhões comportamentais, por mais confortáveis que possam ser tais perspectivas. E de outra parte é também minha condição humana que me leva à constante idealização das possibilidades inerentes à minha própria vida. Idealizo e muitas até concebo projetos existenciais visando alcançar possibilidades meramente calcadas na idealização.

Assim, é freqüente ouvir de pessoas que passam anos amealhando economias para poderem realizar uma determinada viagem. Ao mesmo tempo em que guardam suas economias, idealizam o prazer que terão nessa possível viagem. E não raramente quando realizam tal viagem constatam que a idealização que faziam dessa viagem é muito mais prazerosa do que a própria viagem em si. Vivi na minha infância uma situação bastante interessante no tocante a idealização que se realiza diante de um fato. Ouvia os adultos comentarem que iam ao bar tomar pingado. E ficava então imaginando como seria bom poder ser adulto

---

2. Sartre, J. P., *op. cit.*

para igualmente poder entrar num bar e pedir uma dose de pingado. E assim passei durante anos idealizando o quão maravilhoso deveria ser esse pingado. Tão logo ameacei entrar no período da adolescência corri para um bar e, de forma soberana, pedi uma dose de pingado. E o rapaz prontamente me serviu o pingado: café misturado com leite. O pingado que tanto idealizava nada mais era do que uma porção de leite misturado com café, algo que tinha na minha própria casa a minha disposição a qualquer momento e sem necessidade sequer de esperar pela vida adulta. Mas a idealização que fazia do pingado e as imagens criadas a partir do prazer que nos mostrava naqueles adultos dirigindo-se ao bar para tomarem pingado, certamente era inigualável no meu imaginário em termos de idealização. Essa idealização certamente não permitia que alguém me contasse o que era um pingado, era necessário que eu fosse a um bar e experimentasse a "maravilha" do pingado. Laing[3], de outra parte, ensina que os relacionamentos ilusórios afetam a experiência física. Um amante secreto fantástico excita o corpo. Esta excitação acarreta uma constante procura de descarga sexual. As sensações reais são evocadas no corpo por uma imaginária relação sexual com um fantasma, mas é difícil satisfazê-la na realidade[4]. É fato que muitas pessoas afirmam experimentar sentimentos mais reais em situações imaginárias que na realidade. Dessa forma, muitas pessoas sentem verdadeira excitação sexual com a antecipação imaginária de uma relação sexual verdadeira, mas quando chega a realidade o momento não experimenta nenhum desejo ou gratificação.[5] Viver no passado ou no futuro pode ser menos satisfatório do que viver no presente, mas nunca chegará a ser tão decepcionante. O presente jamais será o que foi ou o que poderia ser. Na procura de algo fora do tempo existe um enervante senso de inutilidade e desesperança. Desesperança primeiramente pela própria impassibilidade de se resgatar e se apropriar do tempo ainda que apenas no imaginário; e desesperança ainda porque, por mais que se

---

3. Laing, R. D. *A psiquiatria em questão*. Porto. Presença, 1972.
4. Laing, R. D., *op. cit.*
5. Laing, R. D., *op. cit.*

busque alternativas que mostrem o meu enredamento diante das escolhas que efetivei ao longo da vida, mesmo assim, não há como se modificar a estrutura daquilo que ocorreu no passado. O tempo é vazio. Tão fútil como inevitável. Uma falsa eternidade, feita de todo o tempo disponível e que se arrasta eternamente. Viver infinitamente no passado ou no futuro é uma tentativa de viver fora do tempo vivendo numa parte do tempo. O presente jamais é realizado[6]. A melancolia tem ainda como agravante o fato de que a pessoa não apenas está presa a um passado remoto como, e principalmente, a um passado que não foi experienciado, um passado que se configura tão-somente como possibilidade idealizada e não vivida. A qualidade de realidade vivida dentro do nexo de fantasia pode ser encantadora. E de outra parte a fantasia é, antes de qualquer outra conceituação e construto teórico, uma idealização em que procuramos dar contornos prazerosos a experiências muitas vezes cáusticas. A questão que se coloca, então, é a de que como podemos estruturar nossa própria vivência sem dar-lhe contornos de idealização se, praticamente a totalidade de nossas experiências, em princípio, são idealização do imaginário?! E se ampliarmos ainda mais o nosso leque de análise veremos ainda que até mesmo os relacionamentos interpessoais são permeados pelo processo de idealização. Assim idealizamos as características que uma determinada pessoa deverá possuir para que possamos considerá-la como amiga, e num dimensionamento como namorada, amante, secretária, etc. Idealizamos os relacionamentos interpessoais, e, seguramente, podemos afirmar que muitos relacionamentos não se sustentam pelo simples fato de as pessoas não corresponder àquilo que delas idealizamos. É fato que muitos relacionamentos desmoronam não apenas pela incompatibilidade de afinidades pessoais, mas apenas e simplesmente por não corresponderem à idealização que efetivamos em nosso imaginário.

Tomemos como exemplo, de outra parte, a questão da inveja. Vejo um homem passar num carro importado cercado de todo o luxo e requinte. Invejo-lhe essa condição idealizando que aquele homem

---

6. Laing, R. D., *O eu dividido*. Petrópolis: Vozes, 1973.

naquele carro possui todas as mulheres, prazer, conforto, e tudo o mais que se quiser arrolar, que eu não possuo. Idealizo que se eu também tivesse um automóvel com essas características igualmente teria tantas mulheres e tanto prazer quanto aquele homem. No entanto, aquele homem pode, simplesmente, estar indo de encontro à morte naquele carro luxuoso. Ou ainda que não tenha contornos tão drásticos nada pode assegurar que aquele carro transporta um homem que possui todos os prazeres por mim idealizados.

Da mesma forma, quando evocamos situações do passado, com exceção dos fatos traumatizantes e que nos marcaram a vida de modo negativo, o que se evidencia são situações prazerosas como mostrar que no passado não existiram situações dolorosas. Falamos, por exemplo, da adolescência como sendo um período em que não havia lugar para a dor, onde o desprezo não encontrava guarita. E, no entanto, não apenas a adolescência, mas todos os períodos de nossa existência são permeados por essa dialética que inclui momentos de prazer alternados com desprazer. Basta ver, num outro tipo de exemplo, um grupo de colegas de faculdades que se reúne depois de dez anos da formatura e que rememora os anos acadêmicos. Certamente as lembranças serão direcionadas para momentos prazerosos, momentos que, inclusive, servem com lenitivo para suportar-se as agruras que podem estar sendo vividas no presente. E assim sedimentamos nosso imaginário dando-lhes contornos e configuração que estabelecem em seus alicerces estruturais apenas fatos e vivências que se constituem a partir de fatores que dêem consistência à nossa estrutura emocional.

O sofrimento provocado pela melancolia, dessa maneira, é um sofrimento impiedoso, pois remete a situações localizadas no passado e que não foram experienciadas. E o que existe ainda de agravante é que muitas dessas experiências ao terem sido deixadas de lado, podem ainda apresentar a possibilidade de provocar muita culpa nessa pessoa, seja pelo desdobramento de suas escolhas, seja ainda pelas circunstâncias em que essa escolha foi efetivada. Os casos de melancolia apresentam traços bastante definidos e muito bem delimitados de como a pessoa está sofrendo pela idealização que faz das escolhas não vivenciadas. E o que é ainda pior, das escolhas que incidiram na sua própria responsabilidade frente aos desatinos da própria vida. A melancolia é um sofrimento bastante cáustico, pois vai provocar um enfeixamento das variáveis que circundam as possibilidades existenciais de uma determinada pessoa incidindo sobre ela o peso das escolhas que realizamos ao longo de nossa vida.

É ainda na melancolia que a depressão apresenta uma de suas faces mais dilacerantes, na medida em que as reflexões realizadas junto ao paciente apenas poderão levá-lo a concluir que seu sofrimento deriva de idealizações efetivadas em seu imaginário, sendo que em termos de realidade sua vivência não estará estruturada em alicerces consistentes. Aquilo que deixamos de viver, e realizar, são detalhamentos que pertencem ao passado e que não possuem incidência sobre as experiências efetivamente vividas.

A depressão associada aos quadros de melancolia é revestida de uma dor profunda e tingida com cores bastante carregadas de desespero na medida em que está envolto num sofrimento criado em última instância pelas articulações e elaborações do imaginário. Trata-se de um sofrimento em que o desespero humano poderá levar as pessoas às raias da destruição e aniquilação existencial, pois não existem condições de se superar experiências que não foram vividas no passado e que estão trazendo sofrimento no presente. E, como se o presente dependesse de escolhas pertinentes à sua própria estruturação e que não tivesse contaminação com o arrependimento das escolhas que foram efetivadas no passado. E, como vimos anteriormente, tudo aquilo que as nossas escolhas deixaram de lado, simplesmente, são possibilidades que não se efetivaram e que, portanto, não podem ser balizadas com conceituações que possam revestir-lhe do rótulo tanto de escolhas "certas", como ainda de escolhas "erradas". Simplesmente deixou-se de viver outras possibilidades em função da escolha efetivada, deixou-se de lado determinadas experiências para viver-se outras possibilidades. Esse detalhamento faz com que a pessoa simplesmente sofra por idealizações que realiza daquelas possibilidades que não foram experienciadas.

É também na melancolia que vamos encontrar os casos mais crônicos de depressão pela peculiaridade de que o sofrimento que a pessoa vive está bastante solidificado em sua estrutura imaginária, e que, portanto, necessita de muita habilidade dos profissionais da saúde para o desmoronamento de tais estruturas.

O paciente que padece de depressão e tem seu enfeixamento de sofrimento derivado da melancolia está sofrendo por episódios que não viveu. Está sofrendo até mesmo em níveis organísmicos de uma dor lancetada que fere sua alma e o deixa completamente frente a própria impossibilidade de resgate de seu próprio passado. É a lembrança do que não foi vivido e que, em seu imaginário, certamente teria sido o melhor a ser feito se pudesse retornar no tempo e efetivar essa experiência. E ainda que essa experiência esteja no imaginário apenas como possibilidade, não havendo, portanto, nenhuma certeza de que se fosse possível a vivência dessa experiência as coisas de fato estariam melhor em seu construto existencial, ainda assim a rememoração daquilo que não foi vivido é dilacerante, angustiante e com inerência ao próprio desespero humano diante de suas limitações.

A melancolia, na maioria das vezes, está associada a um processo muito grande de culpa, pois remete o paciente às incertezas que nos acomete a alma quando efetivamos nossas escolhas ao longo da vida. É fato que existencialmente sempre estamos devendo algo a alguém. Assim por mais que eu me esforce no cumprimento do papel de pai sempre estarei achando que poderia mesmo assim ser um pai ainda melhor. O mesmo ocorre na minha vivência nos papéis de filho, marido, amigo, professor, etc. A culpa é, por assim dizer, algo que faz parte de modo inerente da condição humana. Não há como se viver com alguma dose de culpa, o problema está quando essa culpa se torna patológica e leva o paciente a sofrimentos maiores de que a sua própria estrutura emocional. O paciente acometido por melancolia é assim alguém que quase sempre está também acometido por um sentimento de culpa que atinge níveis patológicos.

Ao se sentir culpado por aquilo que não foi vivido certamente esse sofrimento estará indo ao encontro de respostas orgânicas capazes de provocar algum tipo de alívio nesse quadro de sofrimento. A própria doença mortal é vista pelos existencialistas — com Sartre à frente, seguido por Laing, Cooper e Sastz — como uma escolha realizada pela pessoa para, de alguma maneira, assegurar sua própria sobrevivência. Nesse sentido a depressão também será vista, a partir da ótica existencialista, como uma escolha efetivada pelo paciente para não sucumbir diante de suas agruras existenciais. A depressão surge assim como uma resposta escolhida para um nível que o paciente tem como insuportável. É dizer, dessa forma, que a depressão ao contrário do que afirma a psicopatologia ortodoxa, antes de ser uma psicopatia é uma resposta saudável da pessoa sinalizando a necessidade de se buscar ajuda para que se consiga atingir o seu reequilíbrio existencial. Tampouco importa se no rol do que se conceitua como depressão possamos encontrar aqueles casos que também são definidos como sendo depressão e que apresentam apenas manifestações orgânicas — casos, por exemplo, de pacientes em estado pós-cirúrgico que não reagem ao próprio tratamento e que não apresentam consciência dos próprios atos — , mesmo assim a depressão precisa ser vista de outra maneira que não apenas e tão somente como sendo uma manifestação psicopatológica. É necessário uma compreensão da depressão de uma maneira mais humana para que sua ocorrência seja vista como pertinente às próprias condições de vida do homem contemporâneo. E a melancolia antes de qualquer outra conceituação que se faça, e isso a despeito de tantas conceituações que se fazem sobre suas manifestações, inclusive, no próprio âmbito da psicopatologia.

Compreender a melancolia como algo que nos remete à crueza do desespero humano é, sem dúvida alguma, traçar um novo caminho para que se encontre as profundezas da alma humana, onde estão localizados os escombros amealhados ao longo da vida. E em que pese estarmos vivendo uma época onde os psicofármacos apresentam combinações químicas das mais bombásticas, capazes mesmo de provocarem transformações das mais variadas na estrutura emocional das pessoas, ainda assim é no âmbito da nossa condição humana com todas as suas peculiaridades e nuances que reside o potencial transformador capaz de nos levar à verdadeira condição libertária, condição essa que antes de qualquer outra conceituação nos faz verdadeiramente humanos.

A melancolia é uma manifestação afetiva em que o ser é afetado em toda a sua dimensão estrutural do existir, significa também um ataque ao construto de nossa transcendência e envolve assim um transtorno à nossa rede de significado. A melancolia é uma consciência fixada no passado provocando sentimentos de saudades, de arrependimento, culpa até mesmo de ressentimento. A depressão surge assim como uma manifestação em que o organismo tenta colocar fim a uma série de sofrimentos. E ainda que se queira também incluir a depressão no rol desses sofrimentos, mesmo assim, ela será um ponto a partir do qual irão ocorrer as mudanças no modo de existir do paciente.

A depressão surge como indício primeiro de que muitas coisas estão ocorrendo no modo de existir de uma determinada pessoa. Esse sinal avisa que juntamente com o estado depressivo outras manifestações igualmente estão presente nesse momento. Tomemos como exemplo uma pessoa que esteja acometida por um profundo estado de melancolia apresentando em seu bojo profundos sentimentos de ressentimento mesclado com arrependimento. Hipoteticamente imaginemos ainda que esse paciente esteja sofrendo de uma depressão que o impede inclusive de manifestar-se de outra forma não apenas pela depressão. O arrependimento que corrói sua alma é algo fixado no passado e que foi determinado pelas escolhas que efetivou em sua vida. O ressentimento surge como parte inerente do arrependimento, pois na maioria das vezes, certamente estará associado às conseqüências da escolha efetivada, e portanto do arrependimento daí advindo.

Cito como ilustração um paciente que atendi alguns anos atrás e que apresentava um quadro depressivo bastante intenso. Ele havia se aposentado como funcionário público e trazia um grande fardo sobre os ombros pelo fato de não ter escolhido abandonar a estabilidade do funcionalismo público para dedicar-se à alguma outra atividade que pudesse ter sido prazerosa. Juntamente com o arrependimento da escolha efetivada também trazia ressentimento de que talvez fosse possível ter legado aos meus familiares uma vida com mais conforto sócioeconômico se tivesse escolhido empreitar-se por outros caminhos que não o funcionalismo público. Evidentemente que o nosso paciente sofre diante de uma possibilidade que não foi efetivada, e como vimos anteriormente, traz em seu bojo toda a idealização daquilo que seria o melhor para a sua vida e a de seus familiares. Arrepende-se ao mesmo tempo em que se vê ressentido com o nível de sofrimento, ou ainda em outro extremo, com o conforto sócioeconômico que poderia ter propiciado aos seus familiares. Sua depressão o impedia, inclusive, de fixar-se em novos projetos no presente, e como ocorre na maioria dos casos, a questão que se lhe apresentava é que sua vida não mais teria perspectiva de futuro em função das escolhas que efetivara no passado. A melancolia fazia com que ele sofresse muito e de maneira desesperadora, pois tudo que lhe envolvia afetivamente dizia respeito apenas e tão-somente às escolhas que fizera no passado — proteger-se no funcionalismo público e não empreitar uma atividade com todos os riscos e possibilidades a ela pertinente.

Evidentemente que um paciente quando procura pela psicoterapia não chega afirmando clara e textualmente que está acometido por um grande processo de melancolia que o levou a uma grande depressão e que necessita, em conseqüência, de ajuda psicoterápica. Nem tampouco chega firmando que sua depressão é uma defesa de seu organismo para preservá-lo diante do sofrimento de suas recordações a respeito daquilo que não foi vivido. Inclusive, na maioria das vezes, esses pacientes apresentam uma quase total obnubilação de consciência que os impede de ver a totalidade do detalhamento do sofrimento que os acomete.

Assim essas novas reflexões servem para que possamos criar um instrumental de atuação eficaz que possa localizar o teor de sofrimento desse paciente ajudando-lhe em seu processo libertário. E, ainda que o paciente possa teorizar sobre alguns aspectos que envolvem sua depressão, nosso ponteamento reflexivo é o instrumental que serve para nos direcionar em nossa atuação psicoterápica, e não para tecermos digressão teórico-filosófica com esse paciente. É claro também que não estamos, com essas afirmações, negando ao paciente o direito de informação sobre sua saúde, nem tampouco omitindo dados que possam ser relevantes para seu processo de cura. Apenas estamos enfatizando com muita veemência até, que as nossas reflexões são o nosso instrumental de atuação e que a partir disso poderemos compreender de uma forma mais ampla os caminhos da depressão.

De outra parte, e enfeixando alguns detalhes que incidem sobre a melancolia, podemos ainda afirmar que ela muitas vezes se mistura com outras manifestações existenciais exigindo assim uma perspicácia muito grande do psicoterapeuta para que não se percam os filigranas de sua ocorrência. É também na melancolia que a depressão encontra um de seus esboços maiores de contemporaneidade, pois, assim como outras tantas manifestações que são pertinentes à realidade contemporânea, sua ocorrência principalmente sobre as múltiplas possibilidades que se abrem ao nosso horizonte existencial, deriva basicamente da estrutura da vida moderna. O mundo atual mais do que qualquer outra época da história apresenta uma série muito grande de exigência sobre o homem fazendo com que o nível de exigência sobre as possibilidades que a vida lhe apresenta sejam muito grande. E até mesmo a própria vivência em locais mais distantes dos grandes centros urbanos irão apresentar características que implicam num nível de exigência de *performance* existencial que certamente acaba trazendo um grande fator de frustração. E da mesma forma que estamos sentindo a evolução sobre os desdobramentos de nossas possibilidades existenciais, igualmente estamos também cada vez mais exigentes sobre a nossa *performance* diante das possibilidades existenciais que se apresentam ao nosso campo perceptivo. E na medida em que existem uma multiplicidade de fenômenos diferentes que, exatamente por serem diferentes, manifestam-se de maneiras diferentes, existe igualmente uma tendência da consciência em apreendê-los e vivê-los em sua amplitude indiferentemente do esboço e da natureza de sua consistência.

Nesse sentido podemos afirmar que o principal objetivo do psicoterapeuta é a de compreender o significado da melancolia tal como ela se apresenta no paciente com toda a sua rede de enfeixamentos, envolvimentos e até mesmo de elaboração. Abarcar a melancolia segundo o prisma de análise daquilo que o paciente manifesta estar sentindo é uma das formas que temos de nos reconhecer no outro conferindo-lhe sua condição de humano. E, mais do que simples revisionismo teórico, tais premissas nos remetem ao encontro da necessidade de termos o nosso olhar atento para tudo aquilo que manifesta no paciente e que conceitualmente definimos como melancolia a sua manifestação através da depressão. E nas diferentes manifestações da melancolia seguramente vamos encontrar alterações e significados a que a peculiaridade de cada paciente irão dar contornos e formas bastante bem delimitadas e que certamente irão fazer que a melancolia de uma determinada pessoa nunca seja igual à melancolia de outra. A reflexão conceitual dá-nos parâmetros de compreensão que nos permitem debruçar-se da forma mais ampla possível. O próprio sentido que determina os pontos de referências sobre os quais as pessoas muitas vezes se estribam para efetivarem suas escolhas ao longo da vida, igualmente nos dão a medida da necessidade que as peculiaridades de cada pessoa não sejam deixadas de lado para que não se perca o cerne e a essência. Ou ainda usando-se os alinhavos que fundamentam a própria condição humana no sentido de dar-lhe a grandiciosidade de seu significado, vamos direcionar nossas afirmações sobre a melancolia conferindo-lhe a conceituação plena de simplesmente ser uma ocorrência inerente à nossa condição humana que nos permite efetivar escolha ao longo de nossa vida e igualmente nos confere a responsabilidade sobre o significado e suas conseqüências dessas escolhas.

É ainda preciso ressaltar que, apesar de todos os avanços tanto da Medicina como das demais ciências do comportamento, não há como se estabelecer parâmetros precisos para uma compreensão em termos absolutos da melancolia. A própria divergência existente dentro da psiquiatria é um indício de que apenas tartamudeamos as primeiras palavras no tocante à compreensão da melancolia e suas nuances de ocorrência no seio da contemporaneidade. Stratton & Hayes definem depressão como um estado reduzido do funcionamento psicológico e mental, freqüentemente associado a sentimentos de infelicidade.[7] Essa conceituação define o que seja infelicidade deixando, portanto, em aberto uma conceituação mais precisa sobre os seus determinantes. Eles incluem ainda nessa conceituação que os sintomas mais comuns são perdas de interesse e inabilidade para usufruir qualquer experiência, tristeza, perda de apetite, distúrbios de sono, em especial logo no início da manhã, passividade e pensamentos ou intenções suicidas[8]. E, visando embasar melhor suas colocações, afirmam ainda que mesmo as depressões mais severas podem incluir apenas alguns desses sintomas. Ainda segundo Stratton & Hayes[9], a depressão pode assim ser classificada: depressão *bipolar*, depressão *endógena* (de causa interna), *exógena* ou depressão relativa e depressão *psicótica*[10].

Na definição de depressão bipolar — também chamada de depressão maníaca ou psicose maníaco-depressiva, trata-se de um distúrbio efetivo que envolve a flutuação entre dois extremos: mania e depressão — vamos encontrar de modo claro a dissolução conceitual que se contradiz ao arrolar o paciente depressivo num quadro psicótico sem considerá-lo em nível extremado de sofrimento, pois seguramente a alternância que uma determinada pessoa pode experienciar em seu sofrimento pode até mesmo significar um esforço hercúleo em direção à sua condição plena de saúde. E se voltarmos ainda à conceituação inicial, na qual a depressão é associada a sentimentos de infelicidade, vamos mergulhar num horizonte conceitual que define felicidade como sendo a ausência do desprazer[11].

Essa conceituação por si só mostra que o ser humano não possui condições de abarcar em seu bojo essa fragrância denominada felicidade, pois sempre terá alguma situação de desprazer ponteando a nossa

---

7. Stratton, P. e Hayes, N., *Dicionário de psicologia*. São Paulo: Pioneira Thomson Learning, 1998.
8. Stratton, P. e Hayes, N., *op. cit.*
9. Stratton, P. e Hayes, N., *op. cit.*
10. Stratton, P. e Hayes, N., *op. cit.*
11. Angerami, V. A., *Psicoterapia existencial*. São Paulo: Pioneira Thomson Learning, 1993.

existência. O que se faz necessário é a buscar uma vida plena e com significado a despeito de quantas vicissitudes possam surgir ao longo do caminho. Assim, a depressão, se estiver associada a infelicidade, será por questões surgidas no imaginário e não propriamente a possibilidade de alguém estar sofrendo pelo simples fato de que em sua vida existe uma totalidade de situações conceituadas como desprazer.

A própria conceituação de depressão bipolar também abrange a definição maníaca, mostrando evidências bastante plausíveis de como a psicopatologia arrola diferentes manifestações num mesmo grupo conceitual sem, contudo, mostrar uma preocupação com as manifestações de sofrimento e desespero humano. Ainda dentro das conceituações da psiquiatria tradicional sobre a depressão, é importante salientar as conceituações de depressão anaclítica e depressão pós-parto. Segundo essas conceituações, depressão anaclítica seria uma depressão que ocorre em bebês entre 6 e 18 meses pela separação prolongada da mãe. O termo foi empregado pela primeira vez por René Spitz, sendo considerado um importante conceito nos primeiros estudos de privação materna. Nesse sentido é importante salientar que esse conceito explica o empobrecimento do desenvolvimento de crianças em instituições. Os estudos de René Sptz em parceria com John Bowlby, das várias desvantagens sofridas por essas crianças, a ausência da mãe foi o objeto de estudo das teorias da época — os anos 40. No entanto, estudo mais recentes colocaram em xeque essas afirmações, mostrando que um bom desenvolvimento é possível sem a presença consistente da mãe ou de uma mãe substituta. Todavia, as evidências não mostram se o bom desenvolvimento é especialmente fácil nessas circunstâncias. Sabemos hoje que os processos "normais" de maternidade proporcionam uma grande variedade de efeitos fisiológicos e emocionais, experiências de aprendizagem, motivações, prática em interação social e, sem dúvida, muitas coisas mais.

A depressão pós-parto, de outra parte, seria aquela depressão vivida pela mãe poucos meses após o nascimento de seus filhos. Estudos recentes mostram, no entanto, alguma evidência que sugere que a depressão nas mulheres não é um fato mais comum após o parto do que em outras mulheres da mesma idade. Tais afirmações ainda carecem de uma fundamentação mais precisa, sendo que o que podemos observar nas situações de pós-parto é o intenso sofrimento experimentado por muitas mães que sofrem ao se dar conta de que toda a atenção que tinham sobre si durante o período da gravidez cessa completamente com o nascimento do filho, sendo deslocada para ele em níveis e proporções muito significativos. Assim, num repente, ela vê deslocar para o seu filho todo o cuidado e afeto que incidia sobre a sua pessoa, e seguramente, como veremos adiante, mais do que um período de depressão estaremos próximos de sua compreensão se o classificarmos entre os chamados casos provocados por situações de luto e de perdas significativas ocorridas ao longo da vida.

A melancolia, por outro lado, mostra que um importante problema existencial é criado pelo fato de as pessoas viverem, ocasionalmente, fora do tempo e fora do mundo. A vida no mundo do imaginário, com toda a amplitude de subjetividade, é regida por leis que não são as mesmas da realidade. Assim, o mundo da experiência da emoção, dos desejos, medos e esperanças, do amor, da poesia, da arte e da fantasia, é diferente da realidade, regida por normas que a pessoa não fez e que não são, muitas vezes, essenciais à sua natureza, embora tenha de viver de acordo com elas.

O contraste do imaginário com a realidade exacerba nessa sua condição de fatigante, desprazerosa e provocadora de sofrimento e dor. Talvez a melancolia esteja a desintegrar com força avassaladora o universo do imaginário no contraponto com a própria realidade. A depressão surge, então, como uma força que pode devolver a pessoa ao seu próprio equilíbrio existencial, pois juntamente com o sofrimento experimentado virá também a necessidade de uma mudança significativa em sua vida. A depressão será um primeiro indício de que coisas precisam ser transformadas, os valores modificados e que a própria percepção necessita abarcar transições para que a realidade do fenômeno existencial seja direcionado a condições mais plenas de desenvolvimento.

A melancolia faz com que o passado não vivido exista agora no imaginário da pessoa. E o futuro também será trazido a esse imaginário. Só que em vez de manifestar-se sob a forma de ideais, esperanças, deveres, tarefas, planos, metas, etc., ele se configura num sentimento de vazio, desesperança, e até mesmo de impotência frente à sua própria condição. E se é fato que o ser humano ao longo de sua vida busca pela sua individualidade indo ao encontro de realizações que o diferenciem dos demais, assim também a depressão necessita ser entendida até mesmo como sendo uma maneira desse paciente buscar sua própria identidade, ainda que por meio de uma manifestação orgânica que possa ser considerada patológica por alguns estudiosos das ciências do comportamento. E embora estejamos em plena época de prevalência dos computadores com seus e-mails, home-pages, sobre a condição humana, nivelando todos simplesmente com rótulo de internautas, ainda assim a peculiaridade é algo imprescindível à nossa condição humana. Diríamos até que a busca de nossa singularidade é que nos faz diferentes de outras espécies animais; é o sustentáculo de nossa própria estruturação emocional visando uma condição de integridade existencial.

E para finalizarmos nossas reflexões sobre melancolia, podemos ainda afirmar que também pode fazer parte de nossos detalhamentos existenciais um certo sofrimento por aquilo que deixamos de viver — a nossa condição humana assim o permite. O importante é que não se perca o momento de cisão entre aquilo que é vivido no imaginário e a própria vivência da realidade.

## NOSTALGIA

A nostalgia, contrariamente à melancolia, é a dor pelas recordações das situações vividas. Poderíamos assim defini-la como sendo aquela saudade que nos traz ao imaginário situações prazerosas vividas no passado, visando dar sentido ao presente, ou então atenuando o momento cáustico que o presente possa estar configurando. A nostalgia seria assim uma vivência em que o passado é trazido ao presente de uma maneira absoluta e torna-se a própria dimensão da existência da pessoa. A nostalgia nos remete então àquelas situações em que se possuía significado existencial, quando as experiências eram ricas e havia manifestações efetivas.

Evidentemente que falamos das situações de saudades em que a consciência nos remete a situações prazerosas, partindo-se assim de pressuposto óbvio de que dificilmente alguém terá saudades de situações de sofrimento e desprazer. Certamente quando se evoca o passado trazendo-se a tona situações de dor, não há, na quase totalidade dos casos, evocação de saudade como reminiscência de algo que foi então vivido. Assim a nostalgia será uma maneira que a pessoa escolhe para tentar atenuar a situação de sofrimento que se manifesta em seu presente. A escolha que a pessoa efetiva buscando significado de vida no passado nada mais é do que uma maneira encontrada, muitas vezes, para fazer com que a existência não se desestruture de maneira totalitária. A depressão surge como uma maneira do organismo sinalizar que alguma coisa precisa ser modificada na estrutura de vida dessa pessoa. A depressão, assim, irá mostrar tanto para a pessoa que se vê acometida pelos sofrimentos inerentes à sua ocorrência, como para os seus amigos e familiares que algo não está fluindo de maneira satisfatória em sua vida.

E se a melancolia traz à consciência o sofrimento provocado por lembranças do que não foi vivido, trazendo em seu bojo, como vimos anteriormente, a idealização dessas situações, a nostalgia se mostra na maioria das vezes muito mais cáustica na medida em que ela traz novamente à consciência situações em que a pessoa tinha significado e afetividade, de modo a fazer um contraponto bastante contundente com sua realidade atual. Uma pessoa acometida pela nostalgia é alguém que padece até mesmo em níveis organísmicos a dor de se ver sem um presente prazeroso ou mesmo sem significado existencial em termos mais amplos. A nostalgia é dilacerante, pois mais do que a própria melancolia apresenta sinais de deterioração existencial na medida em que o significado de vida dessa pessoa estará sendo buscado apenas e tão-somente nas experiências do passado. A dor dessas reminiscências, além de contundente, é igualmente dilacerante, pois o imaginário traz como lembrança apenas as situações de dor que conviviam no mesmo espaço com as lembranças prazerosas. Dessa maneira é comum ouvimos relatos que se referem ao passado apenas e tão-somente como cheio de situações de forma significativamente prazerosas deixando de lado situações que eventualmente pudessem trazer algum tipo de dor a tais lembranças. Imaginemos por exemplo, alguém que se recorde dos tempos em que era estudante do colegial.

Certamente, na quase maioria dos casos, a lembrança reviverá aquelas situações prazerosas que envolviam essa fase. Certamente as situações angustiantes que também estavam presentes, seja nos momentos de uma prova bimestral, seja ainda os momentos de desilusão amorosa, ou também ainda nas possíveis dificuldades sociais familiares também presente, tudo enfim será deixado de lado e apenas as recordações prazerosas serão trazidas à consciência. É inerente à própria condição humana priorizar e relembrar apenas as situações prazerosas. As situações de dor e de desprazer são atiradas às raias do esquecimento com todo o organismo envolvido para que tais lembranças deixem de fazer parte de nossa vida. E embora não sejamos senhores de nossa própria vida no sentido de trazer à consciência apenas aquilo que nos é prazeroso, certamente quando evocamos o passado, por uma deliberação reflexiva do imaginário, certamente abrimos nossa consciência para aquelas vivências que o nosso campo perceptivo concebe como prazerosa.

E a vida que palpita num frenesi de segundos em busca de reminiscência de tempos suaves sucumbe diante de contrapontos com o presente, onde a constatação dos significantes do presente podem levar a uma pessoa com cerca de 70 anos de idade que se encontra num processo de grande depressão e que esteja sofrendo com reminiscência do passado. A nossa paciente estará lembrando dos momentos em que os filhos eram pequenos e dependiam totalmente de seus cuidados. Certamente lembrará de situações prazerosas desses momentos, em que seu papel de mãe era fundamental para que seus filhos se desenvolvessem. Lembra também dos momentos em que seus filhos entraram no colégio, na faculdade, enfim os grandes momentos de realização, onde igualmente ela fazia parte de modo indissolúvel de tudo que envolvia a vida desses filhos. Num repente ela se vê só, totalmente sem a presença desses filhos — que nesse momento estarão cuidando de seus próprios filhos —, e igualmente sem poder significar para eles como ocorria na fase da infância. Se essa nossa paciente tiver sob os seus cuidados a possibilidade de cuidar dos netos, seguramente as lembranças da infância de seus filhos serão atenuadas, de modo a não provocar sofrimento. Do contrário, teremos a nossa paciente com um sofrimento lacerante e que certamente irá estrangular seu peito dilacerante. Ao idealizarmos essa nossa paciente, configuramos uma situação presente num grande número de lares, onde o passado com o respectivo significado dos papéis familiares tinha uma dimensão que se perde com o passar dos anos, e na medida em que os filhos vão se desenvolvendo e ganhando autonomia diante da própria vida. Mas, certamente se evocamos um caso desse, teor não significa, no entanto, que a nostalgia será algo pertinente apenas a alguém que tenha perdido o significado de seus papéis familiares. Tantas são as situações que nos remetem ao passado numa nostalgia muitas vezes doce e suave, e outras angustiante e dilacerante. Certamente quando falamos em doce e suave nostalgia não estamos falando de sentimento que possa levar alguém à depressão.

É importante essa ressalva no sentido de se estabelecer um balizamento dimensionado que muitas vezes a nostalgia é um sentimento suave e tem a condição de nos energizar o presente, trazendo um passado que foi prazeroso e que igualmente vai ao encontro de um presente que também está repleto de realização e de conquistas existenciais significativas. Nessas situações, a nostalgia é algo que surge em nosso campo perceptivo como a nos ancorar diante de situações onde o contraponto com as situações são um esteio a nos estimular e a nos levar rumo a novos horizontes e perspectivas existenciais. É comum, inclusive, pessoas encontrarem-se depois de um longo período de distanciamento e, naturalmente, rememorarem situações prazerosas vividas e que seguramente trará no bojo das recordações uma nostalgia doce e suave, que certamente energizará a condição existencial dessas pessoas. É muito prazeroso esse tipo de situação sendo que, inclusive, é muito comum existir grupos de pessoas que se reúnem periodicamente para rememorar situações em que conviviam de maneira plena num estreitamento cotidiano.

Assim, é comum pessoas reunirem-se em torno de associações de ex-alunos de determinadas instituições, associações de representantes de determinados segmentos profissionais, esportivos, etc. O que ocorre nas reuniões desses grupos nada mais é do que uma situação onde continuamente o passado é evocado trazendo à tona as situações prazerosas vividas pelo grupo. Essas vivências não são apenas prazeres, são igualmente determinante de que ao recordarem tais fatos essas pessoas estão se solidificando entre si para buscarem nossas experiências, algo que possa tonificar o presente no esteio de seus planos e metas atuais. O que não significa dizer, entretanto, que ao provocarem tais recordações algumas dessas pessoas não possam igualmente entrar num processo de sofrimento e conseqüentemente de depressão, quando se deparam com sua realidade atual, e, nos momentos em que se encontrarem sozinhos sofram de maneira contundente a dor das lembranças daquelas situações prazerosas. Mas o comum nesse tipo de associação é que as reuniões sirvam para trazer ao presente a evocação daqueles momentos em que o grupo vivia outra realidade existencial, e em que igualmente, nessas reuniões, evoca-se apenas e tão-somente as situações prazerosas daqueles momentos.

As situações de sofrimento, muitas vezes, não está na evocação do passado, mas na ausência de algum dos membros que esteja ausente pelas mais diferentes razões. Assim, por exemplo, ao reunirem-se ex-alunos de um curso de medicina, após passarem-se trinta anos da formatura, o sofrimento pode localizar-se em possíveis colegas que estejam ausentes por morte, infortúnio pessoal, etc. As recordações, no entanto, serão direcionadas para as situações prazerosas vividas pelo grupo, centrando-se nesse sentido as peculiaridades e intempestivas situações vividas por algum dos elementos do grupo que certamente darão muitas risadas ao recordarem tais fatos. A nostalgia nesses casos é um bálsamo que terá a condição de aliviar os desatinos e vicissitudes que essas pessoas possam estar vivenciando no presente. Até mesmo a dor pelas possíveis ausências não terá condição de trazer cores tingidas de dramaticidade a esses encontros. O sofrimento pelas lembranças do passado existem quando perdemos o significado de nossa condição humana no presente e quando a nossa existência perde completamente o sentido de vida.

Nessas situações focamos o passado como sendo um momento, uma situação em que significamos existencialmente numa dimensão que o nosso próprio sentido de vida era algo tangível e solidamente estruturado. A volta ao passado surge assim, no esboço de uma realidade em que o sofrimento da falta de sentido de vida faz do presente algo onde a realidade passa a ser algo turvo direcionando-se assim ao passado em busca de sentido e significado. É no passado que existia valorização e plenitude às suas realizações existenciais; é no passado onde a vida pulsava de modo gratificante e a tenacidade da luta do cotidiano era capaz de levar sucumbência aos desatinos e problemas que surgiam ao longo do caminho; e era igualmente no passado onde as próprias condições vitais eram capazes de levar essa pessoa ao sonho e a esperança de melhores dias no futuro. Tudo o que era significativo aconteceu no passado, não que não exista a possibilidade de realizações no futuro, apenas o passado tem sua ocorrência tingida apenas pelas recordações das situações prazerosas, ao passo que o presente apresenta situações prazerosas e a vivência de situações desprazerosas.

O homem é um ser que tem privilégio de lutar até o último instante de sua vida pelo sentido de sua existência; e o fato dele estar quedado inerte frente às vicissitudes que a vida se lhe apresenta pode, igualmente, ser indício de que poderá transformar sua própria realidade existencial a partir do sofrimento que a depressão impõe. É importante que façamos uma breve reflexão sobre o significado de que a depressão poderá revestir-se no processo de libertação de alguém que padece em níveis orgânicos e existenciais dos mais diversos tipos de sofrimento.

A depressão tornar-se assim um signo, um indício bastante forte e com fortes cores de realidade, de que alguma coisa precisa ser transformada na vida dessa pessoa, para que a sua sucumbência não seja total. A depressão é uma evidência de que algo não corre de maneira satisfatória com essa pessoa. Assim como a febre não é um sintoma isolado de outras manifestações, sendo, ao contrário, apenas uma evidência da presença de determinadas patologias no organismo, igualmente a depressão não pode ser vista e analisada como se fosse algo isolado e que acomete determinadas pessoas em determinadas circunstâncias. E embora exista toda uma propulsão da psicofarmacologia moderna de enquadrar tudo praticamente dentro da cápsula de um determinado medicamento, ainda assim, tratar a depressão isolando-a do significado que a pessoa possa estar conferindo a ela dentro de sua existência é, seguramente, erro dos mais drásticos nos diagnósticos em saúde mental. A depressão sinaliza de forma clara todo um inconformismo com a nossa condição vital. E levando-se em conta a situação de desesperança social presente nos países do terceiro mundo, seguramente iremos encontrar um quadro desolador de depressão coletiva com as pessoas padecendo até mesmo em níveis organísmicos de uma desilusão e de uma desesperança advindas das condições sociais como essas sociedades encontram-se estruturadas. Poderíamos até mesmo falar em depressão para definirmos aquelas situações em que assistimos perplexos avanço de todas as variante da corrupção, que leva um número absurdo de pessoas à mais completa miséria socioeconômica. Ou então do quietismo que se nos acomete quando nos deparamos com cenas da violência exacerbada que domina a nossa realidade existencial na vida contemporânea. A depressão nessas situações poderá ser um indício da necessidade de mudanças que se fazem necessárias para que a própria vida ganhe dignidade e perspectivas mais amplas de libertação diante dos desatinos sociais.

É facilmente observável que as condições econômicas, sociais vêm afetando de maneira drástica a vida de muitas pessoas. O pessimismo crescente nascido da falta de perspectiva é cada vez maior; inúmeras pessoas estão entrando em estados de grande nervosismo, de fadiga e de depressão. E além da depressão encontraremos também sintomas de falta de apetite sexual, somatizações — problemas cardiovasculares, úlceras, etc. —, o que, em última instância, mostra apenas facetas de manifestações orgânicas que se enfeixam com o sofrimento trazido pela depressão. É evidente que, em nenhuma circunstância, as condições socioeconômicas deixam de afetar o indivíduo. Os valores culturais, morais, afetivos de cada um de nós têm muito a ver com o contexto em que vivemos. E a própria configuração da depressão em suas nuances também apresenta especificidades inerentes a cada pessoa. Somos uma totalidade existencial e até mesmo nossas manifestações organísmicas apresentarão nossas peculiaridades. E de uma forma bem definida num total enfeixamento com a nossa historicidade e com as condições sociais que fazem parte de nossa vida.

Veja, por exemplo, a sexualidade, para entender-se essa configuração social. A sexualidade é um fenômeno muito íntimo, profundo subjetivo, podemos até mesmo defini-la como sendo uma das nossas peculiares manifestações. No entanto, se as capas de todas as revistas masculinas mostram mulheres magras e esguias, esse será o padrão de beleza a nortear a sexualidade da maioria dos homens. E, num simples contraponto, ao constatarmos através de figuras do século XIX e início do século XX, podemos constatar que o padrão de beleza da época era determinado por mulheres que na atualidade simplesmente seriam definidas como "gordinhas", portanto, completamente distante dos atuais padrões de beleza.

Uma vez que somos permeáveis às influências sociais, se a sociedade nos propõe conflitos e pressões em excesso, até a estrutura mais íntima padece até mesmo no mais profundo de sua própria subjetivação. E muitas vezes sofre até mesmo por questão não diretamente ligada à vida de uma pessoa. Tomemos como exemplo a situação de um determinado profissional liberal, solidamente estabelecido, cuja atividade profissional e situação econômica não sejam muito atingidas pelas oscilações socioeconômicas. Mesmo não estando diretamente ameaçado por tais adversidades, será difícil ele ficar imune ao noticiário que mostra um país caótico, ao colega de trabalho em más condições financeiras, ao amigo que perdeu o emprego, às crianças que pedem esmolas nas esquinas, etc.

A depressão social gerada pela insegurança das políticas governamentais é algo que atinge limites até mesmo contagiantes. A depressão nesses limiares não tem configuração apenas com o sentimento isolado de uma determinada pessoa. É algo que chega mesmo até as raias do absurdo, pois seremos lançados aos mais diferentes níveis de desestruturação social e até mesmo emocional, em função dos parâmetros impostos pelos economistas em seu afã de determinar uma economia que se configura como sendo a ideal para uma determinada sociedade. E o mais cruel nesse elo de enredamento é que os economistas sempre pensam em termos de estruturas empresariais.

Dessa maneira, fala-se do país, da economia, como se fossem atividades cósmicas; como se não envolvessem pessoas: "a economia passa por dificuldades", "as empresas precisam adaptar-se a uma nova realidade de mercado", "o povo vai enfrentar um período de sacrifício", "a classe média será a mais prejudicada pelas medidas governamentais", etc. Os economistas nunca dizem quantos irão ficar sem emprego, sem moradia e sem comida pelo simples fato da economia se desestruturar. Não há lugar para se questionar a estrutura emocional das pessoas que direta ou indiretamente são atingidas pelos desatinos econômicos. E, dessa maneira, como negar a depressão, ou então idealizar projetos de futuros ou ainda como pensar em obras duradouras se a sobrevivência torna-se a premência maior da própria existência?! E como ainda querer que não exista esse nível de depressão social mais profunda, se as pessoas não sabem efetivamente de que maneira estarão, física e emocionalmente, daqui a um ano, um mês, ou até mesmo no dia seguinte?!

O anseio humano de se projetar no futuro, dessa maneira, fica completamente comprometido e corroído pela premência de sobrevivência aqui e agora. Não há sonhos que possa alimentar o amanhã se o presente está completamente esgarçado pelos desatinos sociais. Em períodos de graves crises econômicas, a depressão configura-se quase como uma reação natural de enfrentamento aos desatinos socioeconômicos, pois vem da estrutura social. É, por exemplo, fruto da ansiedade daquele que se preparou ao longo de anos para o exercício de determinada profissão, e com a qual conta para uma existência digna, para sustentar a família, etc. Em pouco tempo, perde essa segurança — sua profissão, seu passado não são mais garantias. Os aspectos sociais deixam a pessoa desestruturada e com uma grande sensação de desamparo. De repente, uma greve deixa a cidade sem transporte, sem gás de cozinha, etc., e a pessoa, necessitando ir ao trabalho com medo do desemprego, com a possibilidade de perder aquele vínculo que de alguma maneira garante o seu sustento material. E há a agravante de que as pessoas estão perdendo totalmente a crença nas instituições que envolvem a governabilidade da sociedade. A descrença é o que mais se percebe no seio da sociedade. A descrença acaba levando um sem-número de pessoas a um sofrimento em que se misturam quietismo, resignação e muitas vezes a indiferença que esbarra nos limites da alienação.

A depressão, embora atrelado às condições sociais adversas, ainda assim, pode ser propulsora de crescimento e libertação, pois pode levar essas pessoas a entrar em contato com suas dores e a conscientizarem-se da necessidade de promoverem mudanças significativas em suas vidas e que passem necessariamente, muitas vezes, pela própria transformação social.

Não há como pensar em uma libertação social mais ampla sem a libertação desses sentimentos que nos aniquilam o peito e nos levam ao encontro de reações e sofrimentos que podem ser definidos como uma depressão social, embora com repercussões de sofrimentos em níveis pessoais.

Ao falarmos de nostalgia, por outro lado, e fazendo um contraponto com a exposição de tais dados de desigualdade social, podemos até mesmo falar sem incorrer em erro semântico, que somos acometidos de um sentimento que, por falta de uma definição mais clara, também pode ser chamado de nostalgia. Falamos daquelas situações em que nos deparamos com fotos que mostram as nossas cidades no início do século, por exemplo. Somos acometidos por um sentimento de nostalgia ao idealizarmos como seria a vida naquele período e até mesmo em que circunstâncias ocorriam as relações interpessoais. Não se trata de melancolia, pois não haverá um sofrimento no bojo dessas idealizações que esteja enfeixado a partir das escolhas que efetivamos em nossas vidas. É apenas um sentimento que nos reporta ao nível da mera idealização de como as relações interpessoais e até mesmo a vivência social eram mais ricas e profundas. E de maneira bastante libertária levamos nosso imaginário até onde nossa idealização pode conceber a definição de uma sociedade ideal. E ainda que nesse movimento estejamos, como foi visto anteriormente, efetivando uma busca ao passado para atenuarmos as agruras do presente, ainda assim, trata-se de evocar um passado que não foi vivido e que igualmente foi idealizado pelas elaborações mentais que efetivamos e não por dados de uma suposta realidade.

No entanto, se ao evocarmos tais elaborações entrarmos num sofrimento profundo de depressão, certamente, estaremos vivendo uma depressão que em vez de ser definida como libertária deverá ser rotulada de patológica no sentido escrito do termo. Nesses casos, mais do que a simples constatação da depressão estará também presente a maneira como a pessoa escolhe a depressão diante de situações inusitadas, evidenciando nesse processo de escolha um deslocamento dos seus verdadeiros níveis de sofrimento. De qualquer maneira, a depressão estará evidenciando sofrimentos que transcendem sua própria sintomatologia. E de maneira constrita encontraremos também indícios das razões que levaram essa pessoa a escolher a depressão como forma de alívio de seus sofrimentos existenciais. E ao decidir pela depressão e não por outros tipos de sofrimentos orgânicos, a pessoa estará direcionando suas possibilidades existenciais para determinantes numa abrangência muito ampla de seu nível de sofrimento. E até mesmo aquelas situações que tomam conta de nosso ser em determinadas circunstâncias, e que definimos como sendo nostalgia, merecem um direcionamento mais amplo para ser compreendido em sua verdadeira essência. Assim aquelas situações de fim-de-tarde quando nos encantamos com o pôr-do-sol e vemos o nosso ser ficar tomado por uma imensa tristeza que não se define e nem se encontra nos parâmetros da razão, seguramente, podem ser definidas como sendo uma melancolia que nos invade o coração e que não necessita de limites de definição para tornar-se real. Ou igualmente quando estamos na praia contemplando o mar e nos perdemos em divagações sobre a essência de nossa vida diante do tamanho esplendor, igualmente, vamos muitas vezes ao encontro de sentimentos que também podem ser definidos como uma doce e suave melancolia que não precisa de elementos do passado para instalar-se em nosso ser. Contrariamente, no entanto, essas vivências podem também remeter-nos a reflexões que mostram a necessidade de uma redefinição de nossas vidas. Nesses casos a reflexão provocada pelo contato com a própria essência pode nos direcionar para a necessidade de resgatar a nossa dignidade, que pode estar escamoteada diante de sofrimentos dos mais diferentes teores. A depressão nesses casos é a pontuação imediata de nós para nós mesmos e para o outro da necessidade de uma nova configuração de nossas possibilidades existenciais.

A depressão surge no seio de um nível muito amplo de sofrimento e de condições que se enfeixam e se alternam na dinâmica de vida de uma pessoa. Mas sempre é uma manifestação que mostra que outras situações de turbulência igualmente estão ocorrendo com essa pessoa. Não haverá depressão isolada de outras manifestações e sofrimentos existenciais. Nesse sentido, podemos afirmar que aqueles casos definidos pela medicina como sendo depressão, e que enquadram pessoas que perdem a consciência, seja por traumatismo, seja pela decorrência de complicações cirúrgicas e hospitalares, assim são definidos pela falta de uma conceituação mais precisa. Evidentemente falamos da depressão nos casos onde existe a consciência por parte da pessoa do seu nível de sofrimento e das razões pelas quais sua vida perdeu a cor e o próprio sentido.

A psiquiatria tradicional classifica alguns sintomas como psicossomáticos e atribui sua ocorrência à depressão. Nesse rol iremos encontrar, sempre segundo a classificação psiquiátrica: enxaqueca, cefaléia universal, asma, alergia, gastroenterite, colite, disfunção urinária, dispareunia, sentimentos de falta de esperança e comportamento de representação. Assim, podemos facilmente observar que não são contemplados os aspectos que estamos enfeixando em nossa análise sobre a depressão. Ao contrário fala-se de sintomas que eventualmente poderiam estar associados à depressão sem contudo refletir sobre a própria natureza de sua ocorrência. E ainda que seja fato inconteste que a depressão pode levar um sem-número de pessoas a apresentar juntamente com sua ocorrência inúmeras manifestações psicossomáticas, a realidade é que a própria manifestação da depressão pode ser uma resposta ao quadro de somatização apresentado pelo paciente. Assim, por exemplo, poderemos facilmente encontrar uma pessoa que esteja em quadro agudo de depressão após anos de sofrimento por colite, gastroenterite, asma, etc. É até mais provável que o quadro somático leve o paciente à depressão, sendo que na seqüência poderá haver um sofrimento maior de depressão e que certamente será derivado desse enfeixamento das duas ocorrências. Dessa maneira, atribuir tais ocorrências ao quadro de depressão poderá ser indevido, pois não há como separar tais fatos que não apenas numa análise e digressão teórica. Somos uma totalidade sem separação entre o psíquico e o físico e todo tipo de sofrimento certamente levará a um desequilíbrio dessa unidade.

A depressão surge como um sintoma evidenciando que algo não está bem em determinada existência, e essa constatação poderá levar essa pessoa a outros níveis de sofrimento que não apenas a dor emocional. Talvez nesse ponto resida o grande erro da medicina moderna com seu arsenal cada vez mais potente de psicofármacos. A quantidade de remédios existentes para atenuar o sofrimento do paciente nas mais diferentes manifestações é incontável. Desde fadiga, agitação, insônia, anorexia, perda de peso, desconcentração, diminuição de interesse por si próprio, para tudo enfim haverá uma cápsula mágica que terá o poder de trazer novamente o paciente para o estado de "felicidade". As razões da depressão, o sofrimento que poderá estar vivendo, a falta de sentido de vida, o atrofiamento das condições vitais, tudo inexiste diante da cápsula mágica. O fato verdadeiro talvez seja o de que vivemos uma realidade onde cada vez mais os médicos e os psicólogos não possuem disponibilidade horária para ouvir os enredos e dramas de vidas de tantos pacientes. Nesse cenário, o remédio desempenha um papel bastante prático, pois independentemente do que esse paciente possa estar vivendo e sofrendo em termos existenciais, a cápsula mágica irá trazer-lhe novamente a "felicidade". Inclusive questionar conceitualmente o significado dessa "felicidade" trazidos pelos psicofármacos não se faz necessário, havendo apenas a necessidade da intervenção medicamentosa e de sua "eficácia". Até mesmo possíveis efeitos colaterais também não são importantes nessas análises, existindo lugar apenas para a reflexão dos efeitos e da "eficácia" medicamentosa. Tudo o mais passa a ser simples sonhos de um punhado de idealistas que ainda se atrevem a questionar e até mesmo publicar trabalhos que evoquem a necessidade do resgate da dignidade humana na compreensão dos distúrbios emocionais.

É cada vez mais fica evidenciado que somos apenas um punhado de velas tentando levar um pouco de luz à escuridão, pois os interesses multinacionais farmacêuticos ceifam a tudo e a todos no seu afã de lucratividade que não permite divagações que tentem impedir o avanço desse nível de atuação. E mesmo que seja verdadeiro o argumento que nos direciona ao fato de que seriam necessários incontáveis psicólogos e médicos para que se pudesse abarcar o sofrimento de tantas pessoas, nas mais diferentes formas de agruras e padecimentos existenciais, ainda assim o aspecto do quietismo dos profissionais da saúde diante do avanço das multinacionais farmacêuticas em sua avalanche medicamentosa é algo de uma alienação imensurável, para se dizer o mínimo. É algo que nos avilta em nossa condição de profissionais da saúde, algo que nos atira ao extremo oposto de nosso discurso de pessoas que lutam pela dignidade humana. E o que é mais agravante nessa situação é que a base de sustentação dessa prática humilhante empreitada pelas multinacionais farmacêuticas é a prescrição médica, doutrinada para receitar aquilo que os laboratórios farmacêuticos impõem e determinam. Não existe questionamento sobre a extensão à própria dimensão de tais prescrições medicamentosas, apenas a "modernidade" dos medicamentos é considerada e relevada como absoluta. Até mesmo possíveis efeitos colaterais não são considerados no momento da prescrição e ainda que estejamos a uma excessiva ingestão medicamentosa por parte do paciente, e que seu "bem-estar" esteja arrasando até mesmo outras funções vitais, a questão fundamental, na realidade, é medicá-lo sem dar ouvidos às suas queixas e dramas existenciais.

A questão que está presente de forma subliminar é que o paciente possui seus dramas e sofrimentos existenciais, e o profissional da saúde não tendo disponibilidade para escutá-lo e dessa maneira ajudá-lo de maneira mais eficaz, simplesmente prescreve algum tipo de medicamentação para que se tenha a ilusão de que algum tipo de tratamento está sendo efetivado nesse âmbito. O que conta nas estatísticas de atendimentos é que um grande número de pacientes que apresentava sintomas de depressão foi submetido a um "tratamento", definido calhordamente de tratamento medicamentoso. Analisa-se o iceberg por sua ponta manifesta e desconsidera-se o continente submerso; que implicações pode ter a depressão na vida de uma determinada pessoa, ou ainda o significado dessa depressão em termos verdadeiramente libertários para uma existência que se encontra queda inerte frente às vicissitudes da vida, nada disso importa diante dos ditames soberanos de medicação. E o que é pior e desolador é que cada vez mais o número de profissionais da saúde que se rebela contra esse enredamento é menor e sem força de ação diante do poder mercadológico das multinacionais farmacêuticas. Merleau-Ponty ensina que a apreensão de mim por mim é coextensiva à minha vida como sua possibilidade de princípio, ou mais exatamente, essa possibilidade sou eu, eu sou essa possibilidade e, por ela todas as outras[12].

Ao se analisar, por outro lado a depressão como possibilidade inerente à condição humana estamos, na realidade, conferindo-lhe uma condição que implica por si só em compreendê-la de maneira que possamos escutá-la em todas as suas nuances.

A depressão sempre traz consigo um detalhamento bastante amplo e abrangente de diversos fatores que estão incidindo sobre a vida dessa pessoa de maneira indivisível. Assim, diante dos procedimentos da psiquiatria contemporânea, que simplesmente prescreve determinada medicação para o enfrentamento da depressão, nada mais ocorre senão o mascaramento até mesmo da própria sintomatologia, tornando-a dessa maneira não mais uma manifestação dita humana, mas

---

12. Merleau-Ponty, M. *O visível e o invisível*. São Paulo: Perspectiva, 1976

algo que foi conceituado como entidade nosológica e como tal se explica e se determina nessas circunstâncias. E, ao contrário do que podemos inferir desses avanços medicamentosos que prometem a "cura" e o "bem-estar" do paciente praticamente de maneira milagrosa, a depressão cada vez mais se evidencia no seio das sociedades modernas como uma manifestação do homem atual em todos os aspectos de sua contemporaneidade.

E na medida em que somos reféns do nosso próprio imaginário, e a todo momento somos levados ao encontro dos mais variados tipos de reminiscências saudosista, a depressão será, então, algo que surge naturalmente na vida de uma determinada pessoa diante do teor dessas reminiscências. Evocar situações nostálgicas é algo tão espontâneo e corriqueiro que o sofrimento advindo de tais circunstâncias é cáustico apenas e tão-somente quando tem o poder de confrontar o presente, apresentando de modo escancarado o vazio com que esse presente se apresenta. Ou ainda na maneira como vivenciamos os aspectos desse confronto no sentido de denegrir nossas experiências do presente em detrimento do que vivenciamos no presente. Merleau-Ponty coloca que o encontro "em mim" é sempre a referência a essa presença originária, e entrar em si é identicamente sair de si.[13] Esse movimento contínuo de reflexão que efetivamos em nosso cotidiano e que circunda nossa própria vivência em seus aspectos mais distintos e subjetivos é algo que se apropria de nosso ser deixando apenas um toque indelével de algo que foi vivido e que necessite de outros signos para ser conceituado como psicopatia. A depressão é, sem dúvida alguma, algo muito mais amplo do que uma simples entidade nosológica que se pode aprisionar em determinado conceito e simplesmente domesticá-la com o uso de determinada medicação. É um sofrimento que surge no âmago da alma humana e nos lança ao encontro de nossas possibilidades libertárias, ainda que esse processo seja, em princípio, dolorosos e que a nossa própria percepção não possa alcançá-lo em todo o seu dimensionamento. É dizer que muitas vezes um determinado sofrimento que esteja a nos

---

13. Merleau-Ponty, M. *op. cit.*

lancetar a própria alma num contexto seqüencial será algo que poderemos considerar como ponto de mutação para que empreendêssemos novos projetos existenciais, e por assim definir uma nova concepção de vida. É a dor que não permanece estanque no seio do sofrimento de uma determinada pessoa que se atira nos braços da depressão para buscar novos contornos e configurações em sua vida.

A depressão, embora seja mesmo temas de muitos dramas e romances desde os mais remotos tempos da literatura, não encontrou no seio da psiquiatria uma compreensão que pudesse, ao debruçar-se sobre as reflexões tecidas pelos romancistas, dar-lhe uma outra configuração que fosse revestida de componentes decididamente humanos. É estabelecer conceituações meramente teóricas a algo que se sente na amargura de uma grande dor e que, seguramente, escapa desses reducionismos teóricos com os quais muitas vezes procuramos conceituar as ocorrências da existência humana. É a depressão um indício de todas as nossas outras possibilidades existenciais e para as quais nos abrimos atingindo assim a nossa condição de plenitude humana.

E de outra parte, ao falarmos em depressão como ocorrência presente no seio da contemporaneidade, estamos igualmente afirmando que não e possível estabelecer parâmetros das condições atuais de vida sem a sua presença cáustica. É até mesmo verdadeiro afirmar que muitas patologias mentais que acometem as pessoas estão igualmente direcionadas pela conceituação que se faz das sintomatologias que envolvem a depressão. A desesperança, por exemplo, é algo que, na quase totalidade dos casos, está imbricada com aspectos que se apresentam configurados como sendo depressão. É fato que a desesperança possui uma linha bastante tênue com a própria depressão, mas a sua configuração mostra-se de forma fundida e nem sempre verdadeira. Inclusive existem casos de desesperança que necessariamente não apresentam dados depressivos, ao mesmo tempo em que muitos casos de desesperança podem desembocar a depressão acentuada. É igualmente verdadeiro que conceituar desesperança é esbarrar no conceito de que ao pensar em alguém acometido por depressão imediatamente imaginamos alguém que está desesperançado frente às vicissitudes da vida. Também é fato que a desesperança traz em si um enfeixamento que se funde com a depressão na dimensão de sua própria sustentação. Tomemos como citação a realidade socioeconômica do Brasil.

Durante muitos anos as pessoas acreditaram que seria necessário derrubar o regime militar para que pudéssemos ter uma sociedade mais justa, digna e fraterna. E assim fomos às ruas e enfrentamos a fúria dos tanques militares e conseguimos, depois de muita luta, a tão almejada queda do militarismo que assolou o Brasil durante longos 20 anos. E o que ocorreu foi que os presidentes civis se sucederam trazendo um após o outro tudo que havia de pior em termos de corrupção, bandalheira e entreguismo — incluindo-se aí não apenas a destruição do nosso parque industrial e as nossas principais estatais, como também a nossa própria deteriorização cultural. O nosso atual presidente, o Sr. Fernando Henrique Cardoso, conseguiu o que seria impossível visualizar alguns anos atrás; ele levou as pessoas a uma total desesperança, a uma total incredulidade diante da falta de perspectivas de uma vida mais digna. Não que as outras arruaças que esse senhor é conivente juntamente com a verdadeira quadrilha de gangster que se aproveita do poder não sejam sérias e merecedoras de todo tipo de investigação e punição, ao contrário, apenas enfatizamos que além de tudo esse senhor arruinou com a perspectiva da crença num futuro mais digno.

Hoje, o que se assiste na realidade brasileira, é uma total falta de crença em tudo que envolve a figura dos nossos políticos e governantes. Vivemos uma situação que poderia muito bem ser definida como uma depressão social profunda, onde ninguém mais acredita no que quer que seja, nem tampouco que exista algum estadista capaz de estancar a corrupção instalada no seio do poder governamental, ou então que haja alguém que possa conduzir o país a uma situação de dignidade e fraternidade. Certamente entre todas as arruaças promovidas pelo governo de Fernando Henrique Cardoso, a desesperança legada à quase totalidade da população é algo que não se pode prever os efeitos e as conseqüências futuras. E uma depressão tão profunda que seguramente irá apresentar enraizamentos de sofrimento até mesmo nas gerações futuras que estarão à completa deriva dessa situação dantesca em que o país foi atirado.

Não há mais como esperar que as futuras gerações acreditem numa perspectiva digna e justa de sociedade, ou então que almejem uma vida sem a sombra da corrupção e da impunidade. Ou, o que é ainda pior, que não assistam na mais completa indiferença ao sofrimento de tantas e tantas pessoas que a cada dia são atiradas à mais completa miséria socioeconômica em função do modelo socioeconômico adotado no país. Não há como negar que a nossa historicidade de brasileiros estará imbricada com uma manifestação da depressão que se fundirá com os níveis dessa bandalheira socioeconômico vivida pelo país. Ou então que a nossa depressão não se torne cada vez mais expressiva em suas manifestações e que seja muito mais do que uma simples conceituação teórica nos anais da psiquiatria moderna. A nossa depressão social possui enormes fendas em nossa carne de modo muito violento e nos mostra, a cada momento, que a dor pungente desse sofrimento não se estancará num breve período de tempo. É uma depressão que nos atinge em nossas vísceras e nos mostra o lado mais perverso da condição humana: a crueldade e a indiferença pelo sofrimento dos nossos semelhantes. E uma depressão que nos mata em doses homeopáticas e nos escancara com a nossa própria fragilidade diante da fúria governamental em seus arbítrios e contradições.

Esse nível de depressão social que vivemos leva-nos a um estado de total desolação ao percebermos que aos poucos vamos perdendo nossas peculiaridades humanas. Dessa maneira, o próprio desprezo pelo sofrimento de nossos semelhantes, ou a total indiferença acerca da nossa falta de perspectiva, nada mais são do que apenas e tão-somente indícios de que estamos paulatinamente perdendo nossa capacidade de indignação e até mesmo de inconformismo frente ao próprio sofrimento.

Em muitos outros momentos da história diferentes países viveram situações que poderiam ser definidas como sendo momentos de depressão social. E certamente o nível de comoção e sofrimento vividos pelas pessoas envolvidas nesses processos e inatingível pela razão. E embora a depressão seja um fenômeno cuja ocorrência atinge as pessoas em níveis individuais, essa constatação do social, que leva um sem-número de pessoas a situações de sofrimento tão extremadas, certamente corrobora para que a própria definição conceitual de depressão sofra revisionismo constante e que possa abranger muitas outras formas de sofrimento que não apenas circunscrita ao nível estritamente pessoal. O sofrimento de uma determinada pessoa é individual e se processa em todo o seu subjetivismo. No entanto, as circunstâncias sociais que envolvem sua realidade existencial irão conferir-lhes características bastante semelhante em seu sofrimento no contraponto com outras pessoas que também estão inseridas nesse mesmo contexto social. E dizer que condições sociais mais amplas irão determinar níveis de agruras e de desesperança que tornam as pessoas solidárias em suas condições de precariedade e sofrimento. E tal qual lâmpadas que embora isoladas estão ligadas ao mesmo fio condutor. A depressão social é um fenômeno que tangencia o tecido social-econômico de uma determinada sociedade esgarçando-o em níveis de total comprometimento de todas as situações passíveis de serem arroladas numa reflexão teórica e que abarquem as condições mínimas de dignidade para que a própria condição humana não perca inclusive tal definição.

## Perdas e Lutos

A depressão que envolve situações de perdas e luto são aquelas que mais facilmente encontram escora nas conceituações contemporâneas. É comumente definida como sendo depressão reativa, ou seja que reage a determinadas situações ocasionais e esporádicas. Nesse sentido podemos inclusive afirmar que um quadro depressivo diante de uma situação de luto, por exemplo, é algo inclusive bastante saudável, na medida em que mostra uma reação organismicas diante de agressões inusitadas e muitas vezes inesperadas. O inesperado seria o contrário. Digamos que alguém que ao perder o pai, por exemplo, fosse a uma festa comemorar com os amigos sem ater-se à própria situação de luto. O esperado e que estejamos quedados frente ao luto num quadro de sofrimento e de dor. E até mesmo as conceituações tradicionais da psiquiatria definem a depressão em dois grandes grupos — exógeno e endógeno — aceitam a depressão advinda de situações de luto e perda como exógenas sem conferir-lhes a aura de patologia.

A depressão oriunda dos quadros de luto e perda embora esperada e até mesmo considerada saudável pode vir a tornar-se patológica se o tempo de sua duração estender-se por períodos muito longos. E, embora não se possa definir com precisão o tempo em que uma depressão de nível possa acometer uma determinada pessoa sem ser considerada como patológica, a linha divisória embora tênue, certamente será o nível de entregar ao sofrimento e a sua própria reação para recuperar-se frente à própria vida. Não há como definir com acerto daquilo que seria determinante das condições que levam uma determinada pessoa a recuperar-se de seu sofrimento em um determinado número de semanas e outras, ao contrário, num período de tempo mais longo. A própria historicidade de cada pessoa irá configurar situações específicas de dor e sofrimento que arroladas ao nível de envolvimento emocional com a pessoa que provocou o luto, irá enfeixar características e determinantes bastante específicas a cada caso.

A depressão relacionada com os casos de perdas e luto tem como característica também que, embora a pessoa seja acometida por um grande entretecimento, todavia, existe a permanência das perspectivas existenciais e até mesmo de um grande esforço para o seu próprio soerguimento; temos ainda como determinante o imbricamento da depressão com o sofrimento derivados de perdas e luto que acarretam aspecto comum na investigação que se efetiva para a compreensão dos seus determinantes. Assim, ao se buscar o fator externo e ocasional que estará provocando a depressão vai-se ao encontro de uma das variáveis mais buscadas quando se empreita a sua compreensão.

Nesse sentido, quando se localiza o fator externo que possa estar determinando os aspectos básicos da depressão, encontra-se também uma explicação considerada plausível nessa empreitada. Apenas os determinantes específicos e individuais que possam estar dando contornos a manifestação do quadro depressivo em diferentes pessoas e que irá alternar-se a partir da historicidade de cada pessoa analisada. Assim, se tomarmos como mera citação duas pessoas que tenham sofrido perdas financeiras, teremos configurações e reações diferentes em cada uma delas. Uma poderá cair num quadro de profunda depressão e apresentar muita dificuldade não apenas para tentar reerguer-se financeiramente como até mesmo para superar seu quadro depressivo. A outra pessoa poderá, contrariamente, apresentar uma reação bastante determinada no sentido de superação desse desatino financeiro como até mesmo da própria superação de seu quadro depressivo. Em qualquer um dos casos dessa nossa citação o que irá concretizar-se como a diferença entre os dois certamente será a historicidade de cada uma dessas pessoas, bem como sua capacidade de reação frente aos desatinos e turbulências que a vida nos apresenta. Equivale dizer que as reações inerentes a cada peculiaridade individual irão determinar aspectos e nuances que dizem respeito apenas e tão-somente a cada pessoa. E por mais que a psiquiatria se arvore com as suas novas descobertas das chamadas reações químicas que ocorrem no organismo humano, a verdade é que a compreensão da depressão em sua total abrangência está prescindindo a compreensão que se faça da peculiaridade de cada pessoa diante de sua ocorrência.

Inclusive é importante que se frise nesse aspecto que a ênfase maior nessa tentativa de compreensão deve ser o olhar e o enredamento feito pelo próprio paciente. Do contrário, irei considerar uma depressão pertinente se julgar como grave uma determinada ocorrência, e, no sentido inverso, irei considerar totalmente desprovida de sentido uma depressão que seja oriunda de situações que não considerem severas. A gravidade de cada ocorrência, bem como sua própria inserção na vida de um determinado paciente, por ele apenas e tão-somente por ele pode ser definida. E seguramente esse deveria ser um ponto primordial para a análise da extensão dos efeitos da depressão da vida de uma determinada pessoa, e não a mera generalização que se faz com freqüência não apenas na depressão mas também em outras entidades nosológicas. O sofrimento emocional e até mesmo orgânico que pode desembocar na depressão sempre estará atrelado aos aspectos circunstanciais que implicam na maneira como uma determinada pessoa estabelece em sua vida a dialética do equilíbrio emocional com a sua própria condição orgânica. É dizer que a peculiaridade individual de uma determinada pessoa faz de sua depressão algo único, que apenas e tão-somente e ela diz respeito em termos de significado na abrangência de sua ocorrência.

Ao nos distanciarmos da compreensão da depressão como inerente a uma determinada pessoa, estaremos também distanciando-nos de sua condição humana. É através da depressão que essa pessoa poderá estar sinalizando muitos outros aspectos de seu sofrimento e de sua vivência no imbricamento de sua existência. Não há depressão isolada sem um contexto de especificidade existencial que não apresenta tais implicações no enfeixamento desses detalhamentos existenciais. E até mesmo a afirmação de que podemos encontrar com menos freqüência quadros depressivos em que pessoas que tenham a auto-estima — afirmação freqüentemente encontrada na literatura psiquiátrica —, carece de veracidade em sua asserção na medida em que estaremos delimitando uma relação causal bastante simplista. Pessoas com auto-estima elevada certamente enfrentarão melhor as adversidades da vida, mas tal característica por si só não irá assegurar que essa pessoa não possa quedar inerte frente a um determinado evento que implique perdas significativas ou mesmo diante de situações de luto. É como se quiséssemos estabelecer a priori que pessoas estariam mais ou menos propensas a cair num quadro depressivo diante de determinadas circunstâncias. Tal afirmação, além de simplista exclui também a possibilidade da imprevisibilidade da condição humana que sempre está nos mostrando que por mais que possamos nos preparar para o enfrentamento de determinadas ocorrências, ainda assim, não somos capazes de prever como será a nossa reação em tais circunstâncias. E se não somos capazes de prevermos como será a nossa reação tampouco seremos capazes de afirmarmos que determinada situação nos levará ou não a um quadro depressivo.

De fato, a dificuldade de se conceituar depressão enquadrando-a como sendo uma entidade nosológica, antes de qualquer outra definição, é, sem dúvida alguma, o enfeixamento das indústrias farmacêuticas nessa direção. Toda e qualquer definição considerada moderna antes de qualquer outro questionamento ou mesmo posicionamento teórico atende aos "interesses de pesquisas científicas", que coincidentemente são patrocinadas pela indústria farmacêutica. E ainda, numa outra grande "coincidência", tais medicamentos são apresentados nos grandes congressos de psiquiatria pelos pesquisadores financiados pela indústria farmacêutica. E na medida em que a medicina cada vez mais deixa de lado a dor do paciente pela total precariedade dos atendimentos realizados em espaços de tempo absurdamente reduzidos, ou ainda sem a menor condição de compreensão da dor do paciente, certamente, então, o antidepressivo surge como o grande benemérito capaz de trazer alívio as dores trazidas pelo paciente. O número que representa o faturamento do medicamento Prozac é tão absurdamente fantástico que não se comete nenhum erro quando escutamos a afirmação de que vivemos a "era prozac". Tudo é tão absurdamente irreal que a simples constatação de que basta apenas um pequeno comprimido para que a nossa existência ganhe contornos de amenidade e, por si só, indício do distanciamento que temos do confronto com a nossa própria essência. E o que é ainda pior: o grande consumo de antidepressivos responde igualmente ao anseio da maioria das pessoas que procura de todas as maneiras um distanciamento de todo e qualquer tipo de sofrimento — como se isso fosse realmente possível, ou ainda que a dor presente, principalmente nos casos de perdas e luto, não fosse algo inerente à própria condição humana.

A dor trazida à alma humana pelas situações de perda e luto necessita de uma compreensão mais abrangente de sua especificidade. É uma dor que reage de modo saudável a uma agressão muito forte e que desaba sobre a própria existência de maneira drástica e, na quase maioria das vezes, de modo totalmente imprevisível. É uma reação do organismo para tentar defender-se da agressão sofrida, reagindo, assim, em busca de uma nova condição para a superação do sofrimento advindo. E na medida em que, muitas vezes, sequer suportamos o peso do sofrimento decorrente dessas situações, certamente, a depressão, seguramente, é o balizamento com o qual teremos condição de nos sedimentarmos na busca de nossa própria superação. Dissemos anteriormente que a depressão, assim como a febre, é apenas indício de que alguma coisa está ocorrendo nessa configuração existencial para nos direcionar em busca de novas condições de vida. E a depressão é a força motriz que pode nos impulsionar rumo a novos horizontes existenciais, ao mesmo tempo em que, além de mostrar a própria dimensão de nossa dor, pode também nos mostrar a condição humana. A depressão é: algo inerentemente humano e que nos mostra de maneira única a nossa condição humana. E mais: como não se esperar um quadro depressivo se a nossa própria condição humana traz em seu bojo inúmeras situações de perda e luto?! Ou, ainda, como não se esperar a depressão, se a nossa própria condição existencial traz o tempo todo de maneira contínua e intermitente, as mais diferentes situações de frustração e desatinos de toda natureza?!

E se a depressão é algo que permite tantos questionamentos e tantos pontos polêmicos e igualmente controversos, seguramente temos, então, de aceitar a depressão de cada pessoa como algo decididamente única e que não se remete em nenhuma circunstância.

Depressão. Simplesmente depressão.

## BIBLIOGRAFIA

ANGERAM, V. A. *Psicoterapia existencial*. São Paulo: Pioneira Thomson Learning, 1993.
LAING, R. D. *A psiquiatria em questão*. Porto: Presença, 1972.
——————. *O eu dividido*. Petrópolis: Vozes, 1973.
MERLEAU-PONTY, M. *O visível e o invisível*. São Paulo: Perspectiva, 1976.
SARTRE, J. P., *O existencialismo e um humanismo*. Lisboa: Presença, 1970.
STRATTON, P. & HAYES, N. *Dicionário de Psicologia*, São Paulo: Pioneira Thomson Learning, 1998.

# DE UMA MARAVILHA CACHEADA...*

*Valdemar Augusto Angerami*

*Eu me sinto estranho...
num dia estranho... tudo muito
estranho... O sol contrapõe
seu brilho na manhã
fria de Inverno... as flores
resplandem vida... o Ipê Roxo
mostra nas suas flores roxeadas
a dor da tua ausência... uma dor doída;
a boca seca procura explicação...
o porquê dessa angústia, dessa
palpitação estranha no peito...*

*Mordiscar os dedos
o apertar as mãos como
que querendo esmigalhá-las...
buscar sentido para a ausência
e nada encontrar... os
tufos amarelos dos girassóis
me trazem a lembrança
do teu riso... um riso de luz;
tudo e tão ontem... tudo
foi tão hoje...*

*A tua imagem
surge numa moldura
nos detalhes da memória...
como num frestado de sombras
onde a luz doura a negritude
do escuro... assim também
teus cabelos caídos*

---

*Este texto foi publicado originalmente em *Novos Rumos na Psicologia da Saúde*, São Paulo: Thomson Pioneira, 2002.

*sobre os ombros mostravam
um pouco do esplendor
generosamente exibidos pela
blusa preta; um colo divinamente
alvo que embora escondido
emoldurava a graciosidade
e harmonia
dos teus gestos...*

*O contorno da blusa
a delimitar o início
de onde os seios se
separam e tudo contracenando
com a maravilha cacheada
transformada em mulher...*

*Tudo é muito inusitado...
você se mostra presente na lembrança...
no teu riso... nas tuas covinhas...
no teu jeitinho moleque de dizer
coisas tão faceiras... tão grandes...
tão importantes... do simples...
do tanto que se constrói no
tear da subjetividade...*

*E de tudo o teu toque... com
a "tua mão fria"... da tua razão
sendo desmoronada... lentamente...
uma bohemia... outra bohemia... e
as coisas sendo desfiadas aos poucos...
pouco a pouco... e em tudo o teu
riso... tuas covinhas... em tudo a tua fragrância
sendo exposta e sendo infiltrada
no meu sangue... no meu ser...*

*um quê que se infiltrou e tomou
conta de mim e me deixou
quedado, inerte e sem palavras
para expressar sentimentos...*

*E será que aquilo que definimos
como encanto é o que foi
vivido?! Ou é simplesmente
a busca do que sonhamos?!
ou os sonhos são aquilo que
sonhamos viver para novamente sonhar...
e querer te ver e viver o sonho
com todo o seu fascínio...
da constelação de Escorpião,
de há muito fascinante tornando-se
ainda mais encantadora... do teu
entusiasmo com as tuas coisas... dos
teus projetos... dos telefonemas sorrateiros...
da tua fala dizendo que "estava radiante"...*

*Momentos existem que não comportam explicações....
momentos onde as diferenças pessoais,
por maiores que sejam,
desaparecem e se tornam nada... sem definição...
sem balizamento e até mesmo sem esteio
daquilo que se concebe
como parâmetro da existência...
mas tudo isso é nada... tudo isso é algo
que simplesmente não se pode
definir conceitualmente... nem racionalmente
nem nada.*

*Eu quero te aninhar
nos meus braços... tocar na tua pele*

*e sentir a emoção que emana
da própria sensação da vida...
somos a fragrância de algo
que ainda não conhecemos...
não definimos... e sequer teremos
como buscar na desrazão...
você caminhando ao meu encontro...
e um beijo que selou a paz
buscada na alma e
nos corações... isso tudo são coisas
que não podem ser definidas...*

*Um suave encontro de vidas...
o encontro que não precisa de muitos enquadres
nem de explicações...*

*E mais do que saudades,
lembrar você é recordar
que a vida pulsou dentro
de mim e deixou a certeza
de que esse Inverno e o
Outono do renascimento de
uma nova crença no azul,
nos sonhos... na vida...
no amor... e em mim
mesmo... e o azul dando
tonalidade ao cinza da
desesperança...*

*A tua aparência frágil
na verdade esconde a
dimensão da tua força...
a tua meiguice não
te impede de tomar*

*grandes decisões...delicadas
decisões... o teu jeitinho
de menina desprotegida
dá contornos encantadores
ao teu ser mulher...
E perceber esses contrapontos
é privilégio erudito...*

*Nego o óbvio...
insisto e resisto...
e desisto... tento desistir
da lucidez ou a lucidez
desiste de mim?! não sei,
não tenho respostas, apenas
divagações, indagações e
palpitações... a música de
ontem... a nossa música
tornou-se angustiante...
dilacerante... palpitante...
insuportável...*

*A minha escrita
me confunde... me
atordoa e me deixa
atônito com o farfalhar
de emoções... muita insensatez...
de onde se delimita a
emoção de simplesmente pensar
na sua feminilidade, ou
no teu charme?! na tua combinação
de roupas... no negro emoldurado
pelo semitom de marrom...
no teu cabelo,
que embora cuidadosamente*

*arranjado, insiste no desalinhavo
sobre os ombros...
(simplesmente para você provocar sedução ao arranjá-lo com as mãos...)*

*Eu não queria te querer...
tanto querer... eu queria
que você fosse uma simples
brincadeira... uma dessas brincadeiras
de amor... algo como uma
simples distração de Verão... uma
aventura inconseqüente... sem compromisso...
faceira, aventura singela...
na leveza de uma noite
de Inverno... no toque
de pele que se perde
no espaço...*

*Mas você insiste...
insiste em tornar-se real...
insiste em sair dos limites
da aventura... insiste
em sair do imaginário...
insiste em fazer de mim
um simples adolescente... insiste...
insiste em mostrar que
a emoção me traiu e
me jogou nos braços de
uma paixão... insiste
em fazer de mim um
simples sonhador... sonhando
e te buscando em tudo... no
nada...e no vazio de
cada momento*

*Ontem você estava
ao alcance do meu toque...
ou foi hoje?!... hoje consigo
te tocar apenas no
imaginário... ainda tenho
a marca dos teus beijos...
sinto tua presença
em mim... mas sofro com
a tua ausência... vejo a
beleza das flores e
não te alcanço entre
elas... te vejo
e te percebo em mim...*

*Na tua delicadeza
de mãos com unhas
mostrando um aprumo
maior de detalhamento
com a própria vida...
lembrança do teu beijo... do
teu cheiro... do teu jeitinho...
das tuas covinhas...
da tua fala... do teu toque...*

*Essas linhas assim são:
um alegreto, uma exaltação...
ou simplesmente um ode...
um esplendor... um canto...
uma dádiva de luz
para uma maravilhosa cacheada
transformada em mulher...*

Serra da Cantareira, numa noite de Inverno

Impresso por
META
www.metabrasil.com.br